D1693236

MIX
Papier aus verantwortungsvollen Quellen
Paper from responsible sources
FSC® C105338

Jan Bast

Lifestyle & Trends als Erfolgsfaktoren des Event-Marketings

Bachelor + Master
Publishing

Bast, Jan: Lifestyle & Trends als Erfolgsfaktoren des Event-Marketings, Hamburg, Bachelor + Master Publishing 2013

Originaltitel der Abschlussarbeit: Lifestyle und Trends als relevante Determinanten des Eventcharakters

Buch-ISBN: 978-3-95549-489-6
PDF-eBook-ISBN: 978-3-95549-989-1
Druck/Herstellung: Bachelor + Master Publishing, Hamburg, 2013
Covermotiv: © Kobes · Fotolia.com
Zugl. Fachhochschule des Mittelstands, Bielefeld, Deutschland, Bachelorarbeit, Juli 2013

Bibliografische Information der Deutschen Nationalbibliothek:
Die Deutsche Nationalbibliothek verzeichnet diese Publikation in der Deutschen Nationalbibliografie; detaillierte bibliografische Daten sind im Internet über http://dnb.d-nb.de abrufbar.

Das Werk einschließlich aller seiner Teile ist urheberrechtlich geschützt. Jede Verwertung außerhalb der Grenzen des Urheberrechtsgesetzes ist ohne Zustimmung des Verlages unzulässig und strafbar. Dies gilt insbesondere für Vervielfältigungen, Übersetzungen, Mikroverfilmungen und die Einspeicherung und Bearbeitung in elektronischen Systemen.

Die Wiedergabe von Gebrauchsnamen, Handelsnamen, Warenbezeichnungen usw. in diesem Werk berechtigt auch ohne besondere Kennzeichnung nicht zu der Annahme, dass solche Namen im Sinne der Warenzeichen- und Markenschutz-Gesetzgebung als frei zu betrachten wären und daher von jedermann benutzt werden dürften.

Die Informationen in diesem Werk wurden mit Sorgfalt erarbeitet. Dennoch können Fehler nicht vollständig ausgeschlossen werden und die Diplomica Verlag GmbH, die Autoren oder Übersetzer übernehmen keine juristische Verantwortung oder irgendeine Haftung für evtl. verbliebene fehlerhafte Angaben und deren Folgen.

Alle Rechte vorbehalten

© Bachelor + Master Publishing, Imprint der Diplomica Verlag GmbH
Hermannstal 119k, 22119 Hamburg
http://www.diplomica-verlag.de, Hamburg 2013
Printed in Germany

Inhaltsverzeichnis

Inhaltsverzeichnis
Abbildungsverzeichnis
Abkürzungsverzeichnis

1 Einleitung	1
1.1 Eingrenzung der Betrachtung	2
1.2 Aufbau und Vorgehensweise	2
2 Grundlagen des Event-Marketing	4
2.1 Kommunikationspolitik im Marketing-Mix	4
2.1.1 Instrumente der Kommunikationspolitik	5
2.1.2 Ziele der Kommunikationspolitik	7
2.2 Event-Marketing	9
2.2.1 Arbeitsdefinitionen	12
2.3 Ziele von Event-Marketing	14
2.4 Zielgruppen von Event-Marketing	15
2.5 Systematisierung von Events	17
3 Wirkungsanalyse von Event-Marketing	20
3.1 Grundlagen der Werbewirkungsforschung	20
3.2 Systematisierung der Wirkungsgrößen	22
3.3 Modell zur Erklärung der Wirkungsweise von Event-Marketing	23
3.4 Analyse der Determinanten zur Erklärung der Wirkungsweise von Marketing-Events	25
3.4.1 Motive und Bedürfnisse	28
4 Grundlagen der Lebensstil- und Trendforschung	31
4.1 Definition Lifestyle	31
4.2 Lebensstilforschung	32
4.2.1 Lifestyle Segmentierung	35
4.3 Definition Trends	38
4.4 Trendforschung	40
5 Lifestyle und Trends als relevante Determinanten des Eventcharakters	42
5.1 Definition Eventcharakter	42
5.1.1 Lifestyle-Orientierung in Bezug auf den Eventcharakter	44
5.1.2 Trend-Beachtung in Bezug auf den Eventcharakter	46
5.2 Einfluss von Lifestyle und Trends auf die Wirkungsweise von Marketing-Events	47
5.3 Erfolgsmessung	52
5.3.1 Probleme der Erfolgsmessung	55
5.3.2 Effektivitäts- und Effizienzkontrolle	57
6 Fazit	58
Literaturverzeichnis	60

Abbildungsverzeichnis

Abbildung 1: Ziele von Events 15

Abbildung 2: Formen des Event Marketing 18

Abbildung 3: Dreidimensionale Typologie der Event-Marketing-Formen 19

Abbildung 4: Modell zur Erklärung der Wirkungsweise von Event-Marketing 23

Abbildung 5: Bedürfnishierarchie nach Maslow 28

Abbildung 6: Die wichtigsten Emotionssysteme im menschlichen Gehirn 30

Abbildung 7: Themenfindung von Events 38

Abbildung 8: Wellen der kontinuierlichen Veränderung 39

Abbildung 9: Komponenten der Erfolgsmessung von Marketing-Events 53

Abkürzungsverzeichnis

ATL		Above-the-line-Kommunikation

BTL		Below-the-line-Kommunikation

1 Einleitung

Ein neuer wirtschaftlicher Zeitabschnitt hat begonnen. Produkte und Dienstleistungen sind in den vergangenen Jahren weitestgehend branchenbezogen standardisiert worden.[1] Sie bieten eine ähnliche Qualität, sind zu ähnlichen Preisen zu erwerben, überall verfügbar und somit austauschbar. Nachfrager haben zu jeder Zeit die Möglichkeit aus einem unübersehbaren Angebot von Produkten und Dienstleistungen auszuwählen, sei es vor Ort im Warenhaus oder virtuell im Internet. Supermärkte führen durchschnittlich über 10.000 Artikel und es kommen jährlich weitere 26.000 Produkte auf den Markt. Hier wird deutlich, dass es keinen Engpass in der Produktion, sondern einen im Absatzbereich gibt.[2]

Das hat zur Folge, dass mittlerweile alleine in Deutschland über 50.000 Marken aktiv beworben werden. Durch die daraus resultierende Kommunikationsüberflutung, die sich aus über 3000 Pro-Kopf-Werbebotschaften pro Tag zusammensetzt, die wiederum aus jährlich „350.000 Printanzeigen, zwei Millionen Werbespots, zusätzlich [...] Mailings, Plakate, Online-Banner und Events"[3] bestehen, schwindet die Effizienz der klassischen Kommunikationspolitik.[4] So sehen SCHEIER und HELD den „Kampf um die Aufmerksamkeit der Kunden als das zentrale Problem im Marketing des 21. Jahrhunderts."[5] Als Resultat der Informationsüberlastung stellt MEFFERT eine sich verstärkende Reaktanz gegenüber eben diesen Werbebotschaften fest, die dazu führen kann, dass Kommunikationsinhalte vom Nachfrager nicht mehr aufgenommen werden.[6]

Als Konsequenz ist ein Paradigmenwechsel in der Marketingkommunikation festzustellen. Bisher anonyme Kunden bekommen ein Profil, die Einwegkommunikation des Massenmarketing entwickelt sich zum individuellen Dialog und Wettbewerbsvorteile winken nur noch dem, der emotionale Erlebnisse für den Kunden inszeniert.[7] Mit diesen

---

[1] Vgl. Nufer, G. (2012): S. 1.

[2] Vgl. Meffert, H./ Burmann, C./ Kirchgeorg, M. (2008): S. 6.

[3] Scheier, C./ Held, D. (2008): S. 92f.

[4] Vgl. Nufer, G. (2012): S. 1.

[5] Scheier, C./ Held, D. (2008): S. 92.

[6] Vgl. Meffert, H./ Burmann, C./ Kirchgeorg, M. (2008): S. 632.

[7] Vgl. Nufer, G. (2012): S. 1.

wegweisenden Veränderungen wächst die Bedeutung nicht-klassischer Kommunikationsinstrumente, wie dem Event-Marketing. Um nun langfristig erfolgreich zu sein, muss die Effektivität und Effizienz dieses sehr komplexen Kommunikationsinstruments gesteigert werden. Daher wird es zukünftig unabdingbar sein, Event-Marketing an den Bedürfnissen der Zielgruppe auszurichten, die Kommunikationsbotschaften an dem Lebensstil der Zielgruppe zu orientieren und Trends zu beachten.

1.1 Eingrenzung der Betrachtung

Die Hypothese „Der Einsatz von Lifestyle-Orientierung und Trend-Beachtung kann den Wirkungsgrad eines Marketing-Events erhöhen" soll in dieser Arbeit mit Erkenntnissen aus der Werbewirkungsforschung und Theorien aus der Sozialpsychologie sowie der Konsumentenverhaltensforschung verifiziert werden. Diese Hypothese gilt als verifiziert, wenn nachgewiesen werden kann, dass Lifestyle-Orientierung und Trend-Beachtung die Wirkung von Marketing-Events intensivieren. Diese Verifizierung gilt zugleich als Ziel der Arbeit. Des Weiteren werden in dieser Arbeit alle denkbaren Marketing-Events berücksichtigt, da alle Marketing-Events nach dem selben Modell wirken, auch wenn die Wirkungsintensität von Event zu Event variiert. Aus diesem Grund wird versucht eine allgemeingültige Aussage über die Wirkungsweise von Lifestyle-Orientierung und Trend-Beachtung auf Marketing- Events zu treffen.

1.2 Aufbau und Vorgehensweise

Die Hypothese „Der Einsatz von Lifestyle-Orientierung und Trend-Beachtung kann den Wirkungsgrad eines Marketing-Events erhöhen" soll in dieser Arbeit mit Erkenntnissen aus der Werbewirkungsforschung verifiziert werden. Diese Hypothese gilt als verifiziert, wenn nachgewiesen werden kann, dass Lifestyle-Orientierung und Trend-Beachtung die Wirkung von Marketing-Events intensivieren. Dies gilt zugleich als Ziel der Arbeit.

Hierzu werden in Kapitel 2 die Grundlagen des Event-Marketings erläutert. Zunächst wird Event-Marketing als Instrument der Kommunikationspolitik in den Marketing-Mix eingeordnet und in einem weiteren Schritt von verwandten Disziplinen abgegrenzt. Weiterhin werden in diesem Kapitel Ziele und Zielgruppen von Marketing-Events vorgestellt. Anschließend kommt es zu einer Systematisierung von Marketing-Events.

In Kapitel 3 werden nun die Grundlagen der Kommunikationswirkung anhand des Stimulus-Response Modells erläutert und in den Kontext von Event-Marketing eingeordnet. Anschließend werden Wirkungsgrößen systematisiert und analysiert. Zur Erklärung der Wirkungsweise von Marketing-Events werden diese anschließend in einem Modell zusammengefasst. Darüber hinaus werden in diesem Kapitel zur Erklärung des Konsumentenverhaltens Bedürfnismodelle aus der Sozialpsychologie sowie der Konsumentenverhaltensforschung vorgestellt.

In Kapitel 4 werden nun die Begriffe Lifestyle und Trend definiert sowie die Forschungsfelder Lebensstil- und Trendforschung vorgestellt. Des Weiteren wird in diesem Kapitel die Lifestyle-Segmentierung als psychografische Marktsegmentierung beschrieben, mit der quasihomogene Zielgruppen bestimmt werden können.

In Kapitel 5 wird zunächst der Eventcharakter mit Hilfe von MEFFERTS Paradigma der Kommunikation definiert. Im nächsten Schritt wird nun die Lifestyle-Orientierung sowie die Trend-Beachtung in Bezug auf den Eventcharakter dargestellt. Anschließend wird der Versuch unternommen die eingangs erwähnte Hypothese zu verifizieren, indem der Einfluss von Lifestyle und Trends auf die Wirkungsweise, bzw. auf die intervenierenden Variablen von Marketing-Events hypothetisch deduktiv nachgewiesen wird. Im Folgenden wird ein Evaluationsmodell zur Erfolgsmessung der Wirkungsweise von Lifestyle-Adaption und Trend-Beachtung vorgestellt.

In Kapitel 6 werden abschließend alle Erkenntnisse zusammengefasst. Ferner wird hieraus eine Optimierung der Wirkung von Marketing-Events abgeleitet, die als Handlungsempfehlung für zukünftige Marketing-Events gilt.

2 Grundlagen des Event-Marketing

2.1 Kommunikationspolitik im Marketing-Mix

Das moderne Marketingverständnis ist geprägt durch eine Professionalisierung sämtlicher Austauschprozesse sowie deren wissenschaftliche Durchdringung. Diese Austauschprozesse bedürfnisgerecht und möglichst effizient zu gestalten, ist das wesentliche Ziel des Marketings.[8] Das Zustandekommen eines solchen Austauschprozesses zwischen Anbieter und Nachfrager unterliegt laut MEFFERT zwei grundlegenden Prinzipien. Einerseits dem Gratifikationsprinzip, ihm liegt die Annahme zugrunde, dass Gratifikationen, also Belohnungen und die Vermeidung von Bestrafungen, die wesentlichen Antriebskräfte für das Zustandekommen einer Transaktion sind. Andererseits unterliegt der Austauschprozess dem Kapazitäts- bzw. Knappheitsprinzip, das besagt, dass Anbieter und Nachfrager trotz knapper Ressourcen, wie z.B. Zeit, Geld, Technologie oder Informationen, einen möglichst hohen Nutzen erzielen wollen. Dies bedeutet, dass der Anbieter nur dann verkaufen wird, wenn er für sein Produkt einen gewinnbringenden Preis durchsetzen kann und dass der Nachfrager bei jenem Anbieter kauft, bei dem er seine Bedürfnisse am besten befriedigt sieht.[9] Um seine Chancen nachhaltig zu verbessern und die Zahl der Kaufabschlüsse zu erhöhen, stehen dem Anbieter vier Maßnahmenbündel zur Verfügung, die den sogenannten Marketing-Mix bilden.[10] Dieser beinhaltet alle dem Unternehmen zur Marktbearbeitung zur Verfügung stehende Aktivitäten bzw. Instrumente[11] und umfasst klassischerweise nach dem Ansatz der „4P's" die Instrumentebereiche Product, Price, Place und Promotion.[12]

Unter dem Begriff „Product" wird die Leistungs- und Programmpolitik verstanden, dessen Gegenstand nach MEFFERT alle „Entscheidungstatbestände sind, die sich auf die marktgerechte Gestaltung aller vom Unternehmen im Absatzmarkt angebotenen Leistungen beziehen."[13] Hierzu zählen unter anderem Entscheidungen über die Innovation,

---

[8] Vgl. Meffert, H./ Burmann, C./ Kirchgeorg, M. (2008): S. 3.

[9] Vgl. Meffert, H./ Burmann, C./ Kirchgeorg, M. (2008): S. 4f.

[10] Vgl. Nieschlag, R./ Dichtl, E./ Hörschgen, H. (1997): S. 21f.

[11] Vgl. Kirchgeorg, M. (2013): online im Internet.

[12] Vgl. Meffert, H./ Burmann, C./ Kirchgeorg, M. (2008): S. 22.

[13] Meffert, H./ Burmann, C./ Kirchgeorg, M. (2008): S. 397.

Variation und Elimination von Produkten, die Qualitätspolitik oder die Produktgestaltung.[14] Leistungskern der Produktpolitik ist nach NIESCHLAG ein Produkt oder eine Dienstleistung, deren Auswahl und Weiterentwicklung die Aufgabe der Produktpolitik ist.[15] „Price" steht für die Preis- und Konditionenpolitik eines Unternehmens. Hierzu zählen Vereinbarungen über das Entgeld, Zahlungsbedingungen sowie die Preisdurchsetzung am Markt.[16] „Place" steht für die Distributionspolitik, dessen Ziele zum Beispiel der effektive und effiziente Einsatz der verfügbaren Ressourcen sind.[17] „Promotion" umfasst den Bereich der Kommunikationspolitik, dem gegenwärtig die bedeutendste Rolle im Marketing-Mix zukommt, da festzustellen ist, dass sich das Marketing in vielen Branchen in einem Übergang vom Produkt- zum Markenwettbewerb befindet.[18]

In Anbetracht des Themas dieser Arbeit wird die Kommunikationspolitik im Folgenden näher betrachtet, da Event-Marketing als erlebnisorientiertes Kommunikationsinstrument[19] einzuordnen ist.

2.1.1 Instrumente der Kommunikationspolitik

Durch die in 1 erwähnten Veränderungen der Rahmenbedingungen geraten traditionelle Kommunikationsinstrumente in den Hintergrund. Der Einsatz neuer, innovativer Kommunikationsinstrumente steigt hingegen. Diese sind die Antwort auf die stetig steigende Reizüberflutung und verfolgen das Ziel Aufmerksamkeit zu generieren und Erinnerungs- sowie Erlebniswerte zu vermitteln. Nur so wird zukünftig eine Abgrenzung zur Konkurrenz möglich und langfristiger Unternehmenserfolg zu realisieren sein. Durch den Einsatz neuer sowie bisher branchenunüblicher Kommunikationsinstrumente wird versucht diesen Anforderungen gerecht zu werden.[20]

---

[14] Vgl. Kirchgeorg, M. (2013): online im Internet.

[15] Vgl. Nieschlag, R./ Dichtl, E./ Hörschgen, H. (1997): S. 234.

[16] Vgl. Meffert, H./ Burmann, C./ Kirchgeorg, M. (2008): S. 478.

[17] Vgl. Meffert, H./ Burmann, C./ Kirchgeorg, M. (2008): S. 560.

[18] Vgl. Nufer, G. (2012): S. 9.

[19] Vgl. Zanger, C. (2007): S. 3.

[20] Vgl. Nufer, G. (2012): S. 10.

ESCH unterscheidet zwischen klassischen und nicht-klassischen Werbe- und Kommunikationsinstrumenten, respektive Kommunikationsmaßnahmen. Zu den klassischen Werbe- und Kommunikationsmaßnahmen, die auch als „Above-the-line-Kommunikation" (ATL) bezeichnet werden, gehören Printanzeigen, Fernsehwerbung, Radiowerbung, Außenwerbung oder Kinowerbung. Diese richten sich meist an eine große Zielgruppe, was eine eher unpersönliche Zielgruppenansprache zur Konsequenz hat.[21] Entsprechend werden die nicht-klassischen Werbe- und Kommunikationsmaßnahmen auch als „Below-the-line-Kommunikation" (BTL) bezeichnet. Zu ihnen zählen eher unkonventionelle Kommunikationswege und -maßnahmen, mit denen versucht wird, die entsprechende Zielgruppe direkt und persönlich anzusprechen. BTL umfasst nach ESCH u.a. Promotion-Teams, Sponsoring, Public-Relations, Guerilla Marketing, Viral Marketing, Sponsoring, Product Placement, Messen und Event-Marketing.[22]

Für die oben genannten Below-the-line-Instrumente lassen sich die folgenden fünf konstitutiven Merkmale herausfiltern. Erstens weisen alle Instrumente der BTL einen hohen Neuheitsgrad vor, zweitens nutzen sie Medien der Individualkommunikation, werden drittens in spezifischen Kundensituationen eingesetzt, haben viertens einen hohen Grad an Zielgruppengenauigkeit und weisen fünftens schließlich eine Diskontinuität in ihrem Einsatz vor. Da die Grenzen zwischen den klassischen und nicht-klassischen Instrumenten der Kommunikationspolitik zunehmend verfließen, ist eine Differenzierung in above-the-line und below-the-line im Rahmen der integrierten Unternehmenskommunikation aber kaum noch von Bedeutung.[23] Die Relevanz, diese verschiedenen Kommunikationsinstrumente zu koordinieren und miteinander zu verzahnen, steigt hingegen, da auf diese Art und Weise langfristige Markenbilder aufgebaut und verstärkt werden können.[24]

---

[21] Vgl. Esch, F.-J. (2011): S. 298. & Vgl. Esch, F.-J. (2008a): online im Internet.

[22] Vgl. Esch, F.-J. (2008b): online im Internet.

[23] Vgl. Nufer, G. (2012): S. 11.

[24] Vgl. Nufer, G. (2012): S. 11.

2.1.2 Ziele der Kommunikationspolitik

Grundsätzlich werden die Ziele des Marketing in ökonomische und psychographische unterteilt. Inwieweit Kommunikationsmaßnahmen ökonomische Ziele beeinflussen, kann allerdings selten eindeutig bestimmt werden, daher sind Ziele der Kommunikationspolitik überwiegend psychographischer Art. Zu diesen Zielen zählen die Bekanntheit einer Marke oder eines Produkts, die Einstellung in Bezug auf das Kommunikationsobjekt, die Profilierung gegenüber des Wettbewerbs, die Vermittlung von Informationen, Aktualität, Emotionen und die Kauf- und Wiederkaufabsicht der Kunden.[25] Hier wird der Einfluss auf die ökonomischen Zielen besonders gut deutlich. Für den wirtschaftlichen Erfolg eines Unternehmens sind psychografische Ziele daher fundamental, auch wenn nicht eindeutig bestimmt werden kann, welche Marketingmaßnahme welchen Einfluss auf diesen hat. Im Folgenden werden die oben genannten Ziele kurz erläutert.

Bekanntheit

Einstellungen oder Images können sich nur dann bilden, wenn das Unternehmen oder das Produkt dem Nachfrager bekannt ist. Um ein neues Produkt erfolgreich auf dem Markt zu positionieren, sollte also schnellst möglich die Produktbekanntheit gesteigert werden. Weiterhin kann ein Unternehmen das Ziel verfolgen, die Bekanntheit über das Produktwissen zu steigern.[26]

Einstellung

Verbindet man die emotionale Grundhaltung eines Nachfragers mit einer kognitiven Beurteilung bezüglich des zu kommunizierenden Objekts, resultiert eine Einstellung aus der sich Images ableiten lassen. Diese Images wirken sich laut MEFFERT häufig direkt auf die Kaufabsicht, die Loyalität und auf die Weiterempfehlung des Nachfragers aus. Daher zählt die Einstellung, bzw. ein Imagestransfer häufig zu den primären Zielen der Kommunikationspolitik.[27]

---

[25] Vgl. Meffert, H./ Burmann, C./ Kirchgeorg, M. (2008): S. 634f. & Vgl. Kroeber-Riel, W./ Esch, F.-R. (2004): S. 42ff.

[26] Vgl. Meffert, H./ Burmann, C./ Kirchgeorg, M. (2008): S. 634.

[27] Vgl. Meffert, H./ Burmann, C./ Kirchgeorg, M. (2008): S. 634. & Vgl. Kroeber-Riel, W./ Weinberg, P. (2003): S. 168ff.

Kaufabsicht

Betrachtet man nun das Ziel „Kaufabsicht" wird deutlich, dass psychographische und ökonomische Ziele häufig eng zusammenhängen und sich gegensetig beeinflussen. Ziel der Kommunikationspolitik ist es, die Kaufabsicht der Nachfrager so zu stärken, dass sich aus dieser eine direkte Kaufhandlung ableitet. Durch eine positive Einstellung gegenüber eines Produktes und durch die Kombination mehrerer Marketingmaßnahmen und -instrumente wächst diese Handlungstendenz.[28]

Wiederkaufabsicht

Langfristiger Erfolg eines Unternehmens wird nur mit einem wachsenden Kundenanteil erreicht, also mit Kunden, die häufiger bei dem entsprechenden Unternehmen einkaufen. Dieses Ziel lässt sich insofern realisieren, als dass Nachfrager in ihrer Kaufentscheidung bestätigt und zu einem Wiederkauf animiert werden. Langfristig kann auf diese Weise Kundenloyalität entstehen.[29]

Wettbewerbsprofilierung

Die Präferenzbildung der Rezipienten zu erleichtern, stellt ein wichtiges Ziel der Kommunikationspolitik dar und ist dem wachsenden Wettbewerbsdruck geschuldet. Dem kann durch Profilierung, also durch das Erstellen eines klaren Bildes des Unternehmens oder der Marke, entgegengewirkt werden. Es gilt sowohl subjektiv wahrgenommene als auch tatsächliche Unterschiede bezüglich des Angebotes aufzuzeigen.[30]

Information

Unter dem Ziel „Information" wird die Aufnahme, Verarbeitung und Speicherung von Informationen über ein Produkt, einer Marke oder ein Unternehmen verstanden. Laut MEFFERT eignet sich die Vermittlung von relevanten Informationen besonders, wenn

---

[28] Vgl. Meffert, H./ Burmann, C./ Kirchgeorg, M. (2008): S. 634.

[29] Vgl. Meffert, H./ Burmann, C./ Kirchgeorg, M. (2008): S. 635.

[30] Vgl. Meffert, H./ Burmann, C./ Kirchgeorg, M. (2008): S. 634

durch das Produkt ein Bedürfniss des Rezipienten befriedigt werden kann und er sich dessen bewusst ist.[31]

Aktualität

Das Ziel der Aktualität ist bei geringem Interesse des Nachfragers anzustreben, sofern alle relevanten Informationen über das Kommunikationsobjekt bereits bekannt sind. Dies kann der Fall sein, wenn sich der Nachfrager regelmäßig mit der Produktkategorie beschäftigt, wie zum Beispiel mit täglichen Verbrauchsgütern. Hier gilt es durch eine hohe Aktualität auf das spontane Kaufverhalten Einfluss zu nehmen, ohne dass sich der Nachfrager großartig Gedanken darüber macht.[32]

Emotion

Die Relevanz der Emotionsvermittlung steigt mit Sättigung der Märkte. Sind Kommunikationsobjekte weitestgehend austauschbar und alle Informationen dem Konsumenten bereits bekannt, wird die Verknüpfung von Emotionen mit dem Objekt ein wichtiges Abgrenzungskriterium gegenüber anderen Angeboten, da auf diese Weise Konsumerlebnisse generiert werden können.[33]

2.2 Event-Marketing

Event-Marketing hat sich in den vergangenen Jahren als eigenständiges Kommunikationsinstrument etablieren können und fand Eingang in Marketinglehrbücher, Handbücher und Lexika.[34] Dies ist laut NUFER auf die tiefgreifenden Gesellschafts- und Marktveränderungen zurückzuführen.[35] Zu diesen Veränderungsprozessen zählt er einerseits die allgemeinen kommunikativen Rahmenbedingungen, die eine Informationsüberlastung und somit ein Low-Involvement der Nachfrager zur Folge haben.[36] Andererseits

---

[31] Vgl. Meffert, H./ Burmann, C./ Kirchgeorg, M. (2008): S. 635.

[32] Vgl. Meffert, H./ Burmann, C./ Kirchgeorg, M. (2008): S. 635.

[33] Vgl. Meffert, H./ Burmann, C./ Kirchgeorg, M. (2008): S. 635.

[34] Vgl. Nickel, O. (2007): S.3

[35] Vgl. Nufer, G. (2012): S. 9f.

[36] Vgl. Nufer, G. (2012): S. 10. & Vgl. Kroeber-Riel, W./ Weinberg, P. (2003): S. 90ff.

diagnostiziert NUFER Veränderungen gesellschaftsspezifischer Rahmenbedingungen, wie den Wertewandel, der sich sowohl durch Wertetrends wie eine wachsende Freizeit-, Erlebnis- und Genussorientierung, als auch durch das Streben nach Individualität und Selbstverwirklichung ausdrückt. Des Weiteren haben sich marktspezifische Rahmenbedingungen verändert. Die Märkte sind gesättigt, Produkte substituierbar und Verdrängungswettbewerbe finden statt.[37]

Jedoch ist festzustellen, dass zwar die Anzahl praxisorientierter Beiträge zum Event-Marketing deutlich zunehmen, Publikationen betreffend theoretisch fundierter wissenschaftlicher Fachliteratur hingegen in einem deutlich geringerem Ausmaß. Nufer spricht sogar von einem „time lag"[38], das zu beobachten ist.[39] „In der Literatur existiert bisher weder eine allgemein gültige Event-Marketing-Definition noch eine klare Trennung von anderen kommunikationspolitischen Instrumenten, insbesondere die mangelnde Differenzierung zwischen den Begriffen Event und Event-Marketing fällt auf."[40]

Betrachtet man den „Start von Fachmagazinen für Event-Marketing, die Etablierung von speziellen Event-Marketing-Rubriken in der Fachpresse, die Austragung zahlreicher internationaler Messen, Kongresse und Diskussionsforen zum Thema Event-Marketing und schließlich das Weiterbildungsangebot zum Event-Manager [...]"[41], wird offensichtlich, dass Event-Marketing in der Praxis einen höheren Stellenwert genießt, als es in der Marketingwissenschaft der Fall ist.[42] „Die Frage nach der wissenschaftlichen Durchdringung dieses neuen Konzeptes wird in der Marketingliteratur gerade erst gestellt."[43]

Im Gegensatz zu den klassischen Kommunikationsinstrumenten kann die Ansprache der Eventteilnehmer durch den „Live"-Charakter des Events multisensual erfolgen. Durch diesen unmittelbaren Kundenkontakt kann der Eventteilnehmer nicht nur durch auditive und visuelle Reize medial erreicht werden, sondern ebenfalls durch olfaktorische, gusta-

---

[37] Vgl. Nufer, G. (2012): S. 10. & Vgl. Kroeber-Riel, W./ Weinberg, P. (2003): S. 20ff.

[38] „Time-lag" wird laut Duden als „Zeitspanne zwischen der Veränderung einer wirtschaftlichen Größe und der Auswirkung dieser Veränderung auf eine andere Größe" beschrieben.

[39] Vgl. Nufer, G. (2012): S. 2.

[40] Nufer, G. (2012): S. 12.

[41] Nufer, G. (2012): S. 1.

[42] Vgl. Nufer, G. (2012): S. 2.

[43] Nufer, G. (2012): S. 12.

torische, haptische, vestibuläre und thermale Reize.[44] Berücksichtigt man, dass die Eventteilnehmer darüber hinaus überwiegend freiwillig an einem Event partizipieren, führt dies zu einer für den Eventteilnehmer angenehmen und zwangfreien Situation, was die Wirkung der Kommunikationsbotschaft deutlich intensiviert.[45]

Für MEFFERT ist die ausgeprägte Dialog- und Interaktionsorientierung das wesentliche charakterisierende Merkmal des Event-Marketing.[46] NUFER hingegen unterscheidet zwischen den vier Faktoren Erlebnisorientierung, Interaktivität, Inszenierung und Eigeninitiierung, die seines Erachtens „die wesentlichen konstitutiven Merkmale des Kommunikationsmittels Event respektive des Kommunikationsinstrumentes Event-Marketing bilden."[47] BERGMANN ergänzt diese, um die Faktoren Zielgruppe, Multisensualität und Unternehmensbotschaft, wobei letzterer (abhängig von den Eventzielen) entweder einen stärker emotionalen oder kognitiven Charakter haben kann.[48]

Hier wird auch der Unterschied gegenüber anderen, verwandten kommunikationspolitischen Instrumenten deutlich. Das wesentliche Unterscheidungsmerkmal von Event-Marketing und Eventsponsoring ist der Ausgangspunkt der Initiierung, der bei letzterem fremdinitiierter Natur ist. Hier werden Kommunikationsziele durch Imagetransfers auf exogenen Veranstaltungen erreicht, indem man dort seine Marke, sein Produkt oder sein Unternehmen präsentiert.[49] Beim Event-Marketing werden hingegen die Rahmenbedingungen speziell auf die Kommunikationsbotschaft ausgerichtet und alle notwendingen Ereignisse zur Zielerreichung selbst geschaffen.[50]

Sowohl Messen als auch Ausstellungen unterscheiden sich von Event-Marketing hauptsächlich durch ihre Zielsetzung. Event-Marketing verfolgt primär psychografische, Messen primär ökonomische Ziele. Ein weiteres Unterscheidungsmerkmal von Messen und Event-Marketing ist, dass Messen meist in einem Umfeld voller Mitbewerber statt-

---

[44] Vgl. Nickel, O. (2007): S. 4. & Vgl. Drengner, J. (2008): S. 241f.

[45] Vgl. Meffert, H./ Burmann, C./ Kirchgeorg, M. (2008): S. 681.

[46] Vgl. Meffert, H./ Burmann, C./ Kirchgeorg, M. (2008): S. 681.

[47] Nufer, G. (2012): S.19.

[48] Vgl. Bergmann, S. (2005): S. 14

[49] Vgl. Meffert, H./ Burmann, C./ Kirchgeorg, M. (2008): S. 681. & Vgl. Nitschke, A. (2006): S. 20.

[50] Vgl. Nufer, G. (2012): S. 21.

finden und der persönliche Kundenkontakt hierdurch erschwert wird. Im Event-Marketing kann man hierauf allerdings ohne Weiteres Einfluss nehmen.[51]

2.2.1 Arbeitsdefinitionen

Event bzw. Marketing-Event

Der Begriff „Event" stammt aus dem Englischen und wird im Duden als „besonderes Ereignis" und als „Veranstaltung" beschrieben.[52] Daher sind die Bezeichnungen Event und Veranstaltung synonym zu verwenden. Laut NUFER sind Events ein Kommunikationsmittel „und können prinzipiell auch im Rahmen anderer Kommunikationsinstrumente eingesetzt werden."[53]

ZANGER differenziert zwischen Marketingevents, die unmittelbar zur Inszenierung einer Marke dienen und sonstigen erlebnisorientierten Veranstaltungen, wie z.B. Veranstaltungen mit religiösem Bezug, Open-air-Konzerte oder Sportveranstaltungen, die entweder aus nichtkommerziellen Gründen stattfinden oder aber selbst Gegenstand der Vermarktung sind.[54] Verfolgen Events also die Zielstellung der Inszenierung einer Marke, eines Produktes oder eines Unternehmens ist von Marketing-Events die Rede. Sie bilden den inhaltlichen Kern des Event-Marketing und können laut NICKEL als inszenierte Ereignisse verstanden werden, „die im Hinblick auf Unternehmen oder Marken das zentrale Ziel haben, den Teilnehmern Erlebnisse zu vermitteln bzw. bei diesen Emotionen auszulösen, und die gleichzeitig geeignet sind, zur Durchsetzung der Marketingstrategie, d.h. zum Aufbau von Unternehmens- und Markenwerten, einen positiven Beitrag zu leisten."[55] Marketing-Events grenzen sich nach Bergmann durch eine zielgerichtete Planung, Entwicklung, Inszenierung und Nachbereitung von anderen Events ab und finden im Rahmen einer übergeordneten Kommunikationsstrategie statt.[56]

---

[51] Vgl. Nufer, G. (2012): S. 40f.

[52] Vgl. Duden (2013b): online im Internet.

[53] Nufer, G. (2012): S. 22.

[54] Vgl. Zanger, C. (2007). S. 4.

[55] Nickel, O. (1998): S. 7. & Vgl. Zanger, C. (2007): S. 4.

[56] Vgl. Bergmann, S. (2005): S. 15

Event-Marketing

In der Literatur finden sich für diesen Begriff verschiedene Schreibweisen, wie zum Beispiel „Event Marketing", „Eventmarketing" und „Event-Marketing". Im Folgenden wird letztere Schreibweise durchgängig genutzt, auch wenn alle drei Begriffe das selbe meinen und synonym zu verwenden sind. Event-Marketing ist als Prozess zu verstehen und als erlebnisorientiertes Kommunikationsinstrument in den Marketing-Mix einzuordnen.[57]

BRUHN versteht unter Event-Marketing „[...] die zielgerichtete, systematische Planung, Organisation, Inszenierung und Kontrolle von Events als Plattform einer erlebnis- und dialogorientierten Präsentation eines Produktes, einer Dienstleistung oder eines Unternehmens [...], so dass durch emotionale und physische Stimulans starke Aktivierungsprozesse in Bezug auf Produkt, Dienstleistung oder Unternehmen mit dem Ziel der Vermittlung von unternehmensgesteuerten Botschaften ausgelöst werden."[58] Nach diesem Ansatz können Events ebenfalls als Kommunikationsmittel weiterer Kommunikationsinstrumente verstanden werden. Den Charakter eines eigenständigen Kommunikationsinstrumentes erhält es seines Erachtens erst durch die „aktive Inszenierung im Rahmen eines zielgerichteten und eigenständigen Planungsprozesses."[59] NUFER definiert Event-Marketing hingegen als „interaktives sowie erlebnisorientiertes Kommunikationsinstrument, das der zielgerichteten, zielgruppen- bzw. szenenbezogenen Inszenierung von eigens initiierten Veranstaltungen sowie deren Planung, Realisation und Kontrolle im Rahmen einer integrierten Unternehmenskommunikation dient."[60] Diese Definition ist in der Fachliteratur die aktuellste und zutreffendste und wird daher für diese Arbeit übernommen. Aus dieser Definition ergeben sich Phasen des Event-Marketing, die NICKEL wie folgt zusammenfasst. Demnach beinhaltet Event-Marketing, „[...] die zielorientierte, systematische Planung, konzeptionelle und organisatorische Vorbereitung, Realisierung sowie Nachbereitung von erlebnisorientierten Veranstaltungen (s.g. Events) im Rahmen der Kommunikationspolitik von Unternehmen."[61] Hieran lässt sich

---

[57] Vgl. Zanger, C. (2007): S. 3.

[58] Bruhn, M. (1997): S. 778.

[59] Nufer, G. (2012): S. 16.

[60] Nufer, G. (2012): S. 22.

[61] Nickel, O. (2007): S. 3.

erkennen, dass es sich beim Event-Marketing also um ein strategisches Kommunikationsinstrument handelt.[62]

2.3 Ziele von Event-Marketing

Die Ziele des Event-Marketings orientieren sich an den Zielen der Kommunikationspolitik eines Unternehmens. Grundsätzlich wird im Marketing zwischen ökonomischen und psychografischen Zielen unterschieden, wobei mit Instrumenten der Unternehmenskommunikation, wie in 2.1.2 erwähnt, primär psychographische Ziele verfolgt werden, da Einflüsse auf ökonomische Ziele nur sehr schwer auf einzelne Kommunikationsmaßnahmen zurückzuführen sind. Unter psychografischen Zielen werden solche Ziele verstanden, die einen positiven Beitrag zum Aufbau von Unternehmens- und Markenwerten leisten. NUFER zählt hierzu die Darbietung kognitiver, emotionaler und physischer Reize, das Auslösen von Aktivierungsprozessen sowie die Kommunikation von Informationen und Assoziationen.[63] Für MEFFERT et al. ist das primäre Ziel des Event-Marketing die emotionale Positionierung des Kommunikationsobjektes durch eine erlebnisorientierte Präsentation, mit der ein Imagetransfer erreicht werden soll. Unter dem Begriff Imagetransfer wird der Prozess der Übertragung eines Images, respektive einer Einstellung, von dem Marketing-Event auf das Kommunikationsobjekt (eine Marke, ein Unternehmen oder ein Produkt) verstanden.[64] Dieses Primärziel geht ebenfalls aus einer Studie von Prof. Dr. E. BUß, des Lehrstuhls für Soziologie der Universität Hohenheim, hervor, der zu diesem Thema 50 Interviews mit Eventpraktikern aus den Bereichen Unternehmen, nicht kommerzielle Organisationen, bzw. Vereine und Eventagenturen, führte.

---

[62] Vgl. Nufer, G. (2012): S. 22.

[63] Vgl. Nufer, G. (2012): S. 22.

[64] Vgl. Meffert, H./ Burmann, C./ Kirchgeorg, M. (2008): S. 680f. & Vgl. Drengner, J. (2008): S. 105.

	Ziele von Events	
1.	Image(-werte), Reputation, Unternehmenskultur vermitteln.	42%
2.	Kunden und Mitarbeiter binden.	40%
3.	Inhalte / Botschaften / Ziele / Strategien vermitteln.	28%
3.	PR-Effekte / Aufmerksamkeit erreichen / Wiedererkennungswerte etablie-ren.	28%
4.	Persönlichen Kontakt herstellen, Networking ermöglichen.	26%
5.	Mitarbeiter motivieren.	22%
5.	Zusammengehörigkeitsgefühl entwickeln.	22%
6.	Spaß, Vergnügen, Erlebnis, Freude bereiten.	20%
7.	Für Unternehmen / Marke / Produkte begeistern.	18%
8.	Eine lange Erinnerung evozieren.	16%
8.	Vertrauen / Glaubwürdigkeit / Sympathie wecken.	16%
9.	Meinungen verändern (von „überzeugen" bis „manipulieren").	14%
9.	Produkte / Dienstleistung vermarkten.	14%
10.	Kunden gewinnen.	10%
11.	Orientierung, Halt, Identifikationsmöglichkeiten bieten.	8%
12.	Den Mitarbeitern danken.	6%

© Lehrstuhl für Soziologie · Universität Hohenheim · Prof. Dr. E. Buß

Abbildung 1: Ziele von Events[65]

Aus wissenschaftlicher Sicht lassen sich diese Ziele nun wie folgt kategorisieren. Einerseits werden durch das Event-Marketing kognitive Ziele verfolgt. Hierzu zählen im Wesentlichen die Steigerung oder Generierung der Bekanntheit eines Unternehmens, die Speicherung von Informationen im Langzeitgedächtnis, die Wissensvermittlung und Lernprozesse durch emotionale Konditionierung. Andererseits verfolgt das Event-Marketing emotionale oder auch affektiv-orientierte Ziele, zu denen die Vermittlung emotionaler Erlebniswerte sowie die Profilierung von Marken, Unternehmen oder Produkten durch Imagetransfers zählen. Eine weitere Zielkategorie wird durch Handlungsabsichten der Eventteilnehmer definiert. Zu ihnen zählen Ziele wie die Kunden- und Mitarbeiterbindung[66] sowie Kauf- und Wiederkaufabsichten, die auch als konative Ziele beschrieben werden.

2.4 Zielgruppen von Event-Marketing

Nach NUFER sind die Zielgruppenbildung und die Formulierung der Event-Marketing-Ziele sehr eng miteinander verknüpft und sollten daher immer parallel geplant werden. Als Zielgruppe wird eine Gruppe an Personen verstanden, die ein quasihomogenens

---

[65] Buß, E. (2005): S. 11.

[66] Vgl. Meffert, H./ Burmann, C./ Kirchgeorg, M. (2008): S. 680.

Konsumverhalten aufweisen.[67] Im Vergleich zu anderen Kommunikationsinstrumenten erfolgt die Zielgruppenansprache beim Event-Marketing sehr individuell, was eine deutlich höhere Kontaktqualität zur Folge hat. Daher gilt die Identifikation der Event-Zielgruppe als wichtigste Phase innerhalb des Planungsprozesses von Marketing-Events.[68] Aus ökonomischer Sicht ist eine detaillierte Zielgruppenplanung aus dem Grund sinnvoll, da die Fokussierung auf für das Unternehmen relevante Marktsegmente eine Reduzierung des Streuverlustes und somit die Einsparung von Kosten bedeutet. Darüber hinaus erlaubt eine detaillierte Zielgruppenplanung den gezielten Einsatz von für die Ansprache der Zielgruppe geeigneten Marketing-Instrumenten.[69]

In Bezug auf das Event-Marketing kann nun zwischen drei Basiszielgruppen unterschieden werden, die zwar für das Marketing-Event alle gleich relevant sind, jedoch verschiedenen Zielen unterliegen. Diese drei Zielgruppen werden als Primär-, Sekundär-, und Tertiärzielgruppe bezeichnet. Unter der Primärzielgruppe werden alle direkten Eventteilnehmer verstanden, die vor Ort erlebnisorientiert angesprochen werden können und mit denen eine interaktive Kommunikation stattfinden kann. Die Sekundärzielgruppe setzt sich aus Medienvertretern zusammen, die zwar ebenfalls vor Ort sind, allerdings als passive Eventteilnehmer eingestuft werden. Sie berichten über die Veranstaltung und werden so zum Multiplikator der Kommunikationsbotschaft. Diese Berichterstattung wird von der Tertiärzielgruppe, die nicht am Event teilnimmt, rezipiert.[70]

„Da Event-Marketing auf eine emotionale Aktivierung im Rahmen eines Vor-Ort-Erlebnisses zielt, müssen Konzeption und Inszenierung des Events explizit auf die Bedürfnisse der potentiellen Teilnehmer ausgerichtet sein."[71] Aus diesem Grund steht die Primärzielgruppe sowohl innerhalb des Planungsprozesses des Event-Marketing[72], als auch in dieser Arbeit, im Fokus.

---

[67] Vgl. Nufer, G. (2012): S.61. & Vgl. Bruhn, M. (1997): S. 795.

[68] Vgl. Nufer, G. (2012): S.61.

[69] Vgl. Berndt, R. (1995): S. 335. & Vgl. Nufer, G. (2012): S.62.

[70] Vgl. Nufer, G. (2012): S. 62.

[71] Nufer, G. (2012): S. 62.

[72] Vgl. Bruhn (1997): S. 795f.

2.5 Systematisierung von Events

Die in 2.4 beschriebene Differenzierung in interne und externe Zielgruppen diente bereits in frühen Veröffentlichungen als Klassfizierungsansatz von Marketing-Events. Demnach wurden Veranstaltungen in unternehmensinterne und unternehmensexterne Events unterteilt.[73] Zu den unternehmensinternen Events zählen Konferenzen, Kongresse, Tagungen, Schulungen, Seminare und Workshops. Diese Koordinations- und Fortbildungsveranstaltungen verfolgen überwiegend die Ziele der Informationsübermittlung und der Steigerung der Mitarbeitermotivation sowie der Identifikation mit dem Unternehmen. Von besonderer Bedeutung sind hier laut NUFER ein erlebnisorientiertes Rahmenprogramm, eine emotionalisierte Location und ein entsprechendes Catering.[74] Unternehmensexterne Events haben hingegen die Kundenakquisition und -bindung zum Ziel, die durch das gezielte Auslösen von positiven Erinnerungs- und Assoziationseffekten einen Imagetransfer zur Folge haben. Zu unternehmensexternen Events zählen unter anderem Sport- und Kulturveranstaltungen, die aus dem Trend der Freizeit- und Erlebnisorientierung resultieren. Um eine Marke zu verjüngen, werden beispielsweise vielfach Veranstaltungen mit neuen Trendsportarten verknüpft. Des Weiteren eignen sich Roadshows zur Kundenaquisition, da dort Produkte und Marken dem Kunden vor Ort präsentiert werden können. Da allerdings auch Mischformen denkbar sind, die sowohl interne als auch externe Zielgruppen ansprechen, wie zum Beispiel Jubiläen, Festakte oder Tage der offenen Tür, reicht eine Differenzierung von unternehmensinternen und -externen Events nicht aus.[75] Diese Mischformen haben sowohl die Mitarbeiter- und Kundenbindung, als auch eine Steigerung der Bekanntheit in der Öffentlichkeit zum Ziel. Kick-off-Events sind hier ebenfalls anzusiedeln. Hierbei handelt es sich um Veranstaltungen, bei denen die Einführung neuer Produkte oder die Eröffnung einer neuen Geschäftsstelle im Vordergrund stehen.[76] MEFFERT kategorisiert nun die verschiedenen Erscheinungsformen der Events anhand der Dimension der oben genannten Zielgruppen und einer weiteren Dimension, die des dominierenden Kommunikationsziels.[77]

---

[73] Vgl. Nufer, G. (2012): S. 39.

[74] Vgl. Nufer, G. (2012): S. 39f.

[75] Vgl. Nufer, G. (2012): S. 39f.

[76] Vgl. Nufer, G. (2012): S. 41.

[77] Vgl. Meffert, H./ Burmann, C./ Kirchgeorg, M. (2008): S. 681.

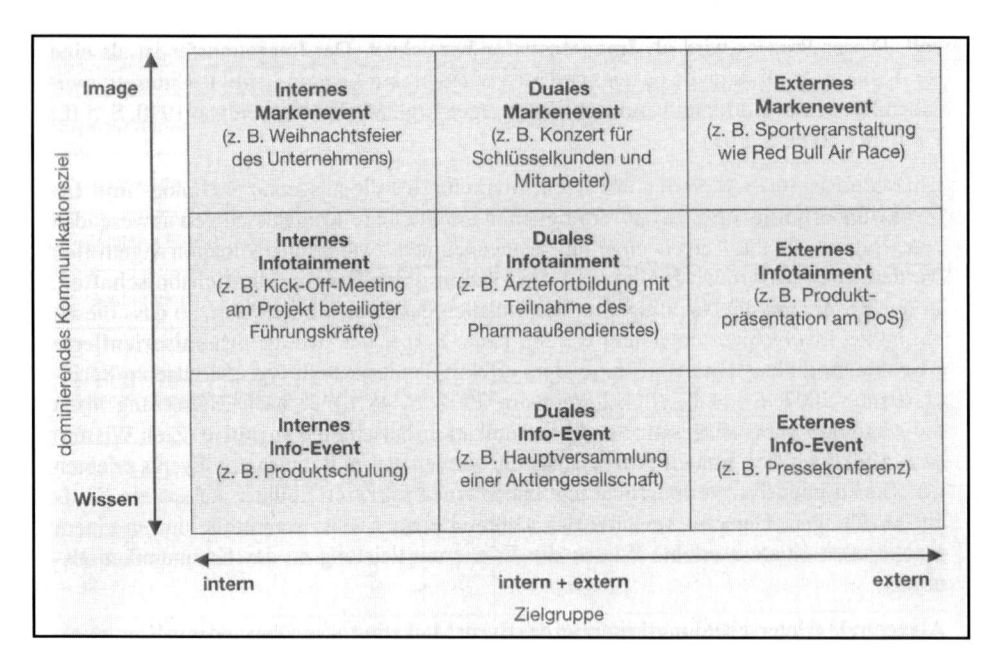

Abbildung 2: Formen des Event Marketing[78]

Dieses Modell kann allerdings die Vielfalt an realen Ausprägungen von Events noch nicht wiederspiegeln und berücksichtigt weder die Inszenierung des Events, noch das dahinter stehende Konzept des Event-Marketings.

BRUHN hingegen unterscheidet zwischen den drei grundsätzlichen Eventtypen arbeitsorientierte, freizeitorientierte und Infotainment-Events.[79] Zu den arbeitsorientierten Veranstaltungen zählen zum Beispiel Produktschulungen. Sie fokussieren den Informationsaustausch und haben im Gegensatz zu freizeitorientierten Veranstaltungen kognitive Reaktionen beim Konsumenten zum Ziel. Zu den freizeitorientierten Veranstaltungen zählen beispielsweise Incentive-Reisen, also Veranstaltungen mit hohem Unterhaltungswert und starker emotionaler Wirkung. Die Mischform dieser beiden Extreme stellen Infotainment-Events dar. Hier werden Informationen durch Unterhaltungselemente vermittelt. Dies führt zu einer höheren Aktiviertheit des Rezipienten und somit zu einer langfristigen Informationsaufnahme.[80]

Ferner systematisiert BRUHN Veranstaltungen nach dem zugrunde liegendem Event-Marketing-Konzept. Er unterscheidet zwischen drei grundsätzlichen Event-Marketing

---

[78] Meffert, H./ Burmann, C./ Kirchgeorg, M. (2008): S. 682.

[79] Vgl. Bruhn, M. (1997): S. 779 ff. & Vgl. Nufer, G. (2012): S. 41.

[80] Vgl. Nufer, G. (2012): S. 41.

Formen.[81] Hierzu zählen das anlassorientierte, das markenorientierte sowie eine Mischform der beiden Formen, die das anlass- und markenorientierte Event-Marketing darstellt. Beim anlassorientiertem Event-Marketing wird zwischen historischen und geschaffenen Anlässen unterschieden, die zur Präsentation des Unternehmens genutzt werden. Markenorientiertes Event-Marketing zielt auf die emotionale Positionierung des Unternehmens ab. Bei deren Mischform, dem anlass- und markenorientiertem Event-Marketing, wird ein Anlass für markenbezogene Kommunikationsbotschaften genutzt.[82]

NUFER nutzt nun diese Elemente der drei o.g. Kategorisierungsansätze, um sie zu einem integrierenden Gesamtkonzept, dem „Event-Marketing-Würfel", zu fusionieren. Diesem liegen die drei Dimensionen Zielgruppe, Inszenierung des Events und das Konzept des Event-Marketings zugrunde. Hieraus lassen sich 27 mögliche Event-Typen ableiten. Doch auch diese Typologie kann laut NUFER die Vielfalt an realen Ausprägungen nicht einfangen, ist aber zur Zeit das geeignetste Modell zur Visualisierung der Eventtypologie.[83]

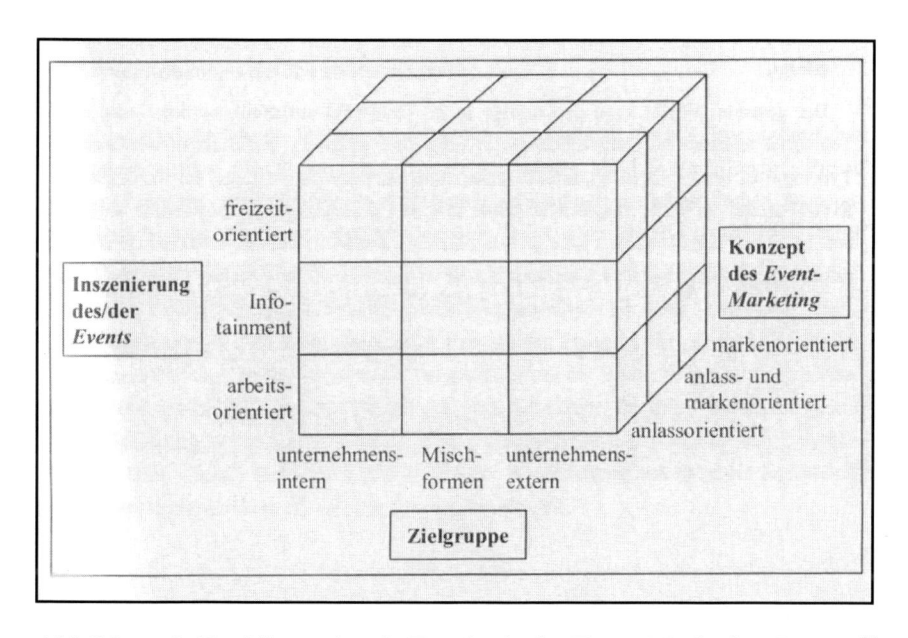

Abbildung 3: Dreidimensionale Typologie der Event-Marketing-Formen[84]

---

[81] Vgl. Bruhn, M. (1997): S. 782 ff.

[82] Vgl. Nufer, G. (2012): S. 42.

[83] Vgl. Nufer, G. (2012): S. 42 ff.

[84] Nufer, G. (2012): S. 43.

3 Wirkungsanalyse von Event-Marketing

3.1 Grundlagen der Werbewirkungsforschung

MEFFERT versteht unter Kommunikation, aus Perspektive des Marketings, das Senden von verschlüsselten Informationen, die es zum Ziel haben beim Rezipienten eine Wirkung zu erzielen.[85] Wie die Wirkung von Event-Marketing im Detail aussieht, versucht die Event-Marketing-Wirkungsforschung zu erklären. Diese befindet sich jedoch erst im Anfangsstadium und fand bislang nur selten Eingang in die Marketing-Literatur. Ein Mangel an funktionsfähigen theoretischen Methoden ist die Konsequenz. Darüber hinaus fehlt es an geeigneten Messinstrumenten, die die Wirkungsweise in der Praxis messen könnten sowie an einem Erklärungsmodell, bezüglich der Wirkungen des Event-Marketings. Orientierung bietet hier die Wirkungsforschung anderer Marketingbereiche.[86] Grundsätzlich wird in der Wirkungsforschung der Versuch unternommen einen Zusammenhang zwischen dem beobachtbarem Input und dem beobachtbarem Output herzustellen. Im Fokus steht der nicht-beobachtbare Entscheidungsprozess, der durch Strukturmodelle und stochastische Modelle erklärt werden soll. Im Vergleich zu Strukturmodellen ersetzen stochastische Modelle die als „Black Box" bezeichneten, intervenierenden Variablen durch einen Zufallsmechanismus, um somit Erkenntnisse über den Anteil der Veränderungen des Kaufverhaltens durch Event-Marketing zu gewinnen. Viel mehr soll der Versuch unternommen werden die Einstellungs- und Imageänderungen durch Event-Marketing zu erklären. Im Folgenden stehen daher die Identifikation und das Zusammenwirken der intervenierenden Variablen im Fokus.[87]

Stimulus-Organismus-Response Paradigma

Um nun die Wirkungen eines Kommunikationsobjektes analysieren zu können, ist die Betrachtung der einzelnen Kommunikationskomponenten sowie des Kommunikationsprozesses nötig. Hierfür bietet sich das behavioristische Stimulus-Response-Modell an (S-R-Modell), das zwischen den Komponenten Stimulus (S) und Response (R) unterscheidet. Als Stimulus werden beobachtbare Reize verstanden, die sich unmittelbar auf

---

[85] Vgl. Meffert, H./ Burmann, C./ Kirchgeorg, M. (2008): S. 632.

[86] Vgl. Nufer, G. (2012): S. 112.

[87] Vgl. Nufer, G. (2012): S. 112.

die ebenfalls beobachtbare Response, also die Reaktion des Rezipienten, auswirken. Dieses Modell unterstellt einen direkten Zusammenhang zwischen Ursache und Wirkung. Mit diesem Modell wurde untersucht, wie sich Veränderungen innerhalb des Kommunikationsprozesses auf die Reaktion der Probanden auswirkten. Hierfür veränderte man einzelne Determinanten wie zum Beispiel den Sender, die Botschaft oder den Kanal. Es wurde beobachtet, dass gleiche Reize verschiedene Reaktionen zur Folge haben, wobei die Wahrscheinlichkeit eine gleiche Reaktion zu erzielen durch Lernprozesse erhöht wurde.[88]

DRENGNER kritisiert an diesem Modell, dass die Gründe für eine Reaktion auf einen bestimmten Stimulus unerkannt bleiben, da die psychischen Prozesse, die im Inneren des Menschen stattfindenden, aufgrund ihrer Eigenschaft nicht-beobachtbar zu sein, lediglich als „Black Box" dargestellt werden. In der Realität lässt sich jedoch feststellen, dass gleiche Reize bei gleichen Individuen zu unterschiedlichen Zeitpunkten verschiedene Reaktionen hervorrufen. Aus diesem Grund eignet sich das klassische S-R-Modell nicht, um die Wirkungsweise von Event-Marketing zu analysieren.[89] Eine Weiterentwicklung dieses Modells, das neobehavioristische Stimulus-Organismus-Response-Modell (S-O-R-Modell), untersucht hingegen die psychologischen Vorgänge der Informationsverarbeitung. Hier werden „nicht direkt beobachtbare psychische Konstrukte des Organismus (O) als intervenierende Variablen zugelassen. [...] Nicht beobachtbar sind innere Vorgänge, [...] wie z.B. Wahrnehmung, Aufmerksamkeit, Erinnerung, Einstellungsänderung, Denken oder Fühlen."[90] Der Stimulus wird in diesem Modell als eine unabhängige Variable definiert und stellt eine beobachtbare Größe dar. Die ebenfalls beobachtbare Reaktion des Rezipienten entsprechend eine abhängige Variable. Laut NUFER ist die Popularität dieses S-O-R Paradigmas innerhalb des Event-Marketings darauf zurückzuführen, da es ein praktikables und für das Event-Marketing nützliches Modell darstellt. Einziger Kritikpunkt dieses Modells ist die mangelnde Berücksichtigung der Spontaneität sowie der Einflüsse des sozialen Umfelds des Rezipienten, da dieser nur isoliert betrachtet wird.[91]

---

[88] Vgl. Nufer, G. (2012): S. 113f. & Vgl. Kroeber-Riel, W./ Weinberg, P. (2003): S.29f.

[89] Vgl. Drengner, J. (2008): S. 56.

[90] Nufer, G. (2012): S. 114.

[91] Vgl. Nufer, G. (2012): S. 114f.

3.2 Systematisierung der Wirkungsgrößen

Die in 3.1 erwähnten nicht beobachtbaren, intervenierenden Variablen lassen sich nun wie folgt systematisieren. Grundsätzlich lassen sie sich in kognitive und aktivierende Vorgänge einteilen. Kognitive Vorgänge sind im weitesten Sinne Prozesse der gedanklichen Informationsaufnahme, -verarbeitung und -speicherung. Als Beispiele sind hier die Vorgänge „Wahrnehmung", „Entscheidung", „Lernen" und „Gedächtnis" zu nennen. Im Vergleich zu den kognitiven Vorgängen treiben aktivierende Vorgänge das Verhalten des Rezipienten durch ihre Verbindung mit inneren Erregungen und Spannungen an. Zu ihnen zählen die Vorgänge „Emotion", „Motivation" und „Einstellung".[92] Weiterhin unterscheidet TROMMSDORFF zwischen Zuständen und Prozessen. Zustände sind als verhaltenswissenschaftliche Konstrukte zu verstehen, die eine statische Erklärungsgröße bilden. Solche Zustände sind nach TROMMSDORFF neben „Aktiviertheit/Involvement", „Einstellungen/Image" und „Emotionen/Gefühle" auch „Motive/Bedürfnisse" und „Lebensstil/Persönlichkeit". Prozesse sind hingegen nicht statisch sondern dynamisch und stellen sich verändernde Variablen dar. Zu ihnen zählen „Informationsaufnahme", „Wahrnehmung", „Lernen", „Denken", „Entscheiden", und „Verhalten".[93] Darüber hinaus kategorisieren STEFFENHAGEN und BERGMANN die Marketing-Wirkung abhängig von dem Zeitpunkt ihrer Reaktion auf einen bestimmten Stimulus. Sie unterscheiden zwischen momentanen Wirkungen, dauerhaften Gedächtniswirkungen und finalen Verhaltenswirkungen.[94] Momentane Wirkungen stehen in direktem zeitlichen Zusammenhang mit dem Stimulus und implizieren innere sowie äußere Verhaltensweisen wie zum Beispiel die Wirkungsgrößen „Aufmerksamkeit", „Denkprozesse", „emotionale Vorgänge" und „Impulshandeln". Dauerhafte Gedächtniswirkungen beziehen sich auf das Langzeitgedächtnis des Rezipienten. Sie resultieren aus der Beeinflussung innerer Variablen. Unter ihnen werden „Kenntnisse", „wertende Einschätzungen" und „Kaufabsichten" verstanden. Finale Verhaltenswirkungen sind beobachtbar und umfassen die Dimension des Kaufverhaltens.[95]

---

[92] Vgl. Nufer, G. (2012): S. 119.

[93] Vgl. Trommsdorff, V. (1998): S. 43f & S. 79f. & Vgl. Nufer, G. (2012): S. 120.

[94] Vgl. Bergmann, S. (2005): S. 36.

[95] Vgl. Nufer, G. (2012): S. 121. & Vgl. Steffenhagen (1996): S. 8ff. & Vgl. Steffenhagen (1984): S.80 ff.

3.3 Modell zur Erklärung der Wirkungsweise von Event-Marketing

Aus den in 3.2 zusammen getragenen Systematisierungsansätzen hat NUFER nun erstmalig ein theoretisch fundiertes Modell zur Erklärung der Wirkungsweise von Event-Marketing gemäß der deduktiven Methode erstellt. Hierbei handelt es sich allerdings weniger um ein starres Schema, als um ein Idealmodell, das je nach Untersuchungszweck angepasst werden muss, da Zielsetzungen und Gestaltungsparameter von Marketing-Events stark variieren können. Zentrales Ziel des Event-Marketings ist demnach jedoch stets der Imagetransfer.[96] Durch dieses Modell werden Abhängigkeiten der intervenierenden Variablen durch Pfeile veranschaulicht. Weiterhin soll durch die Ellipse deutlich werden, dass es keine streng chronologische Wirkungsfolge gibt, sondern das Rückkopplungsschleifen und simultan stattfindende Prozesse möglich sind.[97]

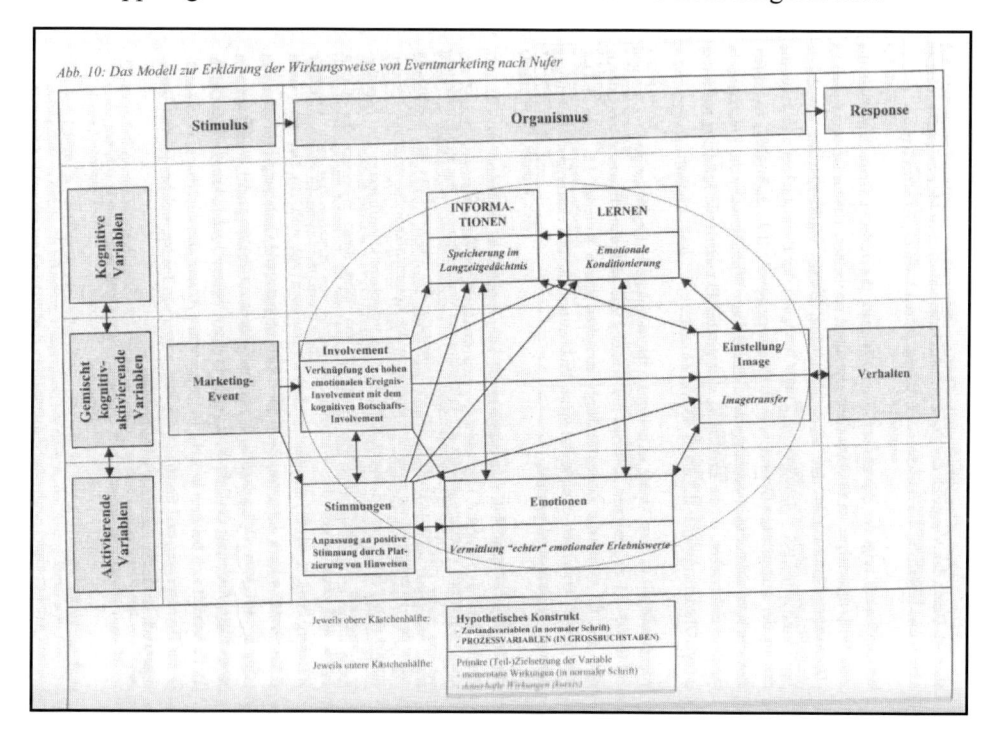

Abbildung 4: Modell zur Erklärung der Wirkungsweise von Event-Marketing[98]

NUFERS Modell orientiert sich an dem S-O-R-Paradigma, welches ebenfalls als Grundlage dient, und lässt sich durch mehrere Modifizierungen zur Erklärung der Wirkungs-

---

[96] Vgl. Drengner, J. (2008): S. 67.

[97] Vgl. Nufer, G. (2012): S. 152f.

[98] Vgl. Nufer, G. (2012): S. 153.

weise von Event-Marketing anwenden. In der Vertikalen sind daher der unabhängige Stimulus (S) und die beobachtbare Reaktion (R) sowie der Organismus (O) dargestellt. Das Marketing-Event stellt entsprechend den Stimulus, die Wirkungsweise den Organismus und das Verhalten die Reaktion dar.[99] Dieser Stimulus verfolgt laut KROEBER-RIEL grundsätzlich entweder eine informative oder eine emotionale Positionierungsstrategie[100] und strebt eine Imagedifferenzierung an. Die informative Positionierung impliziert die Kommunikation von objektiv nachvollziehbaren Merkmalen eines Produktes, die aufgrund der Informationsflut zunehmend in den Hintergrund rutscht. Die emotionale Positionierung hingegen hat eine Veränderung der psychischen Merkmale zum Ziel.[101] Die Positionierung „soll die Rezipienten dahingehend beeinflussen, dass das Angebot bzw. das Unternehmen/ die Marke in den Augen der Zielgruppe so attraktiv erscheint und von konkurrierenden Angeboten so abgegrenzt wird, dass es diesen konkurrierenden Angeboten vorgezogen wird."[102]

Ziel dieses Modells ist das theoretische Erklärungsdefizit bezüglich der Event-Marketing-Wirkung abzubauen. Weiterhin berücksichtigt NUFER das Modell der Wirkungspfade, was zwischen kognitiven und emotionalen Wirkungsgrößen unterscheidet. Diese werden horizontal in kognitive, aktivierende und gemischt kognitiv-aktivierende Variablen unterteilt. Darüber hinaus wird zwischen Zustands- und Prozessgrößen unterschieden, die sich primär durch den Zustand ihrer Wirkung voneinander abgrenzen. Die Wirkung der Zustandsvariablen erfolgt im direkten Anschluss an den entsprechenden Reiz, wohingegen die langfristige Speicherung von Informationen eher Prozessvariablen zugerechnet wird. Grundsätzlich ist der Organismus als interdependent zu verstehen. Sämtliche intervenierende Variablen stehen in Beziehung zueinander und haben einen wechselseitigen Einfluss. Insgesamt unterscheidet Nufer zwischen den aktivierenden Variablen „Stimmungen" und „Emotionen", den gemischt kognitiv-aktivierenden Variablen „Involvement" und „Einstellung" sowie den kognitiven Variablen „Informationen" und „Lernen", wobei letztere Kategorie als Prozessvariablen zu verstehen sind.[103]

---

[99] Vgl. Nufer, G. (2012): S. 154.

[100] Vgl. Kroeber-Riel, W. (1993): S. 82ff.

[101] Vgl. Nufer, G. (2012): S. 154. & Vgl. Kroeber-Riel, W. (1993): S. 56ff.

[102] Nufer, G. (2012): S. 154. & Vgl. Kroeber-Riel, W. (1993): S. 45.

[103] Vgl. Nufer, G. (2012): S. 155.

3.4 Analyse der Determinanten zur Erklärung der Wirkungsweise von Marketing-Events

Aktivierende Variablen

Stimmungen sind als Zustandsvariable zu verstehen, dessen Größe vom Adressaten abhängt. Aufgrund der freiwilligen Teilnahme eines Event-Teilnehmers an einer Veranstaltung kann, wie in 2.2 erwähnt, davon ausgegangen werden, dass dieser eine positive Grundstimmung besitzt. Weiterhin gilt, dass der Einfluss auf Eventteilnehmer mit positiver Stimmung ein höherer ist, der sich durch eine Anpassungsstrategie, also durch den Einsatz von leicht zu verarbeitenden Reizen, direkt in der Einstellungsbildung wiederspiegeln kann.[104] Stimmungen werden nach TROMMSDORFF durch die Dimensionen Wertigkeit, Intensität, inhaltliche Färbung (z.B. romantisch, melancholisch) und Dynamik unterschieden. SILBERER und JAEKEL unterscheiden zwischen den folgenden Theorien in Bezug auf die Stimmungsverursachung. Die **Temperamenttheorie** besagt, dass Individuen unterschiedliche Selbstwertgefühle und Temperamente besitzen. Extrovertierte Personen sind daher meist besserer Stimmung. Die **Bewältigungstheorie** drückt aus, dass eine erfolgreiche Bewältigung eine gute Stimmung auslöst. Bei der **Umweltpsychologischen Theorie** steigt die Stimmung durch die Kontrolle und durch das Verständnis über die Umwelt des Menschen. Die **Interaktionstheorie** zeigt auf, dass gute Stimmungen ebenfalls durch soziale Beziehungen (Zuwendung, Anerkennung und Belohnung) verursacht werden können.[105]

Emotionen sind als Zustand innerer Erregung zu verstehen, die durch psychische Vorgänge oder äußere Reize hervorgerufen werden und „dessen Stärke man als Intensität und dessen Art man als Qualität (z.B. Freude) empfindet."[106] Sie sind stark mit den Stimmungen verknüpft, werden aber im Kontext des Event-Marketings sehr klar voneinander getrennt, da Stimmungen im Vergleich zu gezielt generierten Emotionen ungerichtet sind. Eine zentrale Funktion des Event-Marketings ist die Vermittlung von authentischen und attraktiven emotionalen Erlebniswerten, die der Eventteilnehmer durch

---

[104] Vgl. Nufer, G. (2012): S. 155.

[105] Vgl. Trommsdorff, V. (1998): S. 65ff.

[106] Trommsdorff, V. (1998): S. 33.

reale Erfahrungen macht. Hierdurch wird eine emotionale Markendifferenzierung erzielt, die wiederum zu einer langfristigen Gedächtniswirkung führt. Ebenfalls wirken sich Emotionen auf die Einstellung und somit auf das Verhalten des Rezipienten aus. Dieses kann gestärkt werden, indem Erfahrungen direkt mit dem Einstellungsobjekt gemacht werden.[107]

Kognitive Variablen

Zu den kognitiven Variablen zählen die Prozesse „**Lernen**" und „**Informationen**", welche die Informationsaufnahme, -verarbeitung und -speicherung impliziert. Diese Prozesse bilden nach dem Modell von NUFER die der emotionalen Flanke gegenüberstehende kognitive Seite des Modells. Durch Aktivierung, Involvement und Stimmungskongruenzeffekte wird die Gedächtnis- und Lernleistung erheblich beeinflusst. Je stärker die emotionalen Stimuli, desto höher die Wahrscheinlichkeit, dass Informationen im Langzeitgedächtnis gespeichert werden. Emotionale Konditionierung wirkt sich ebenfalls bei höherem Involvement positiv auf die Lernleistung des Rezipienten aus, welche häufig stimmungskongruent stattfindet. Durch den Einsatz multisensualer Reize kann dieser Konditionierungsprozess intensiviert werden. Der Prozess des Lernens wiederum wirkt sich direkt auf den Imagetransfer aus und ist laut Nufer Vorraussetzung für Einstellungsänderungen.[108]

Gemischt kognitiv-aktivierende Variablen

Die **Einstellung**, bzw. das **Image**, wird von TROMMSDORFF auch als Zustand der Bereitschaft, sich in einer entsprechenden Situation gegenüber einem Gegenstand oder einer Idee annehmend oder ablehnend zu verhalten. Weiterhin sind diese Variablen auf Informationen über den Gegenstand oder auf Motive zurückzuführen. Mangelgefühle oder äußere Reize beeinflussen diese Motive, die ebenfalls das menschliche Verhalten erklären.[109] Daher zählt die Einstellung des Rezipienten auch zu den konativ-orientierten Zielen des Event-Marketing. Diese Ziele beziehen sich laut DÜBBERT auf konkrete

---

[107] Vgl. Nufer, G. (2012): S. 155f.

[108] Vgl. Nufer, G. (2012): S. 156.

[109] Vgl. Trommsdorff, V. (1998): S. 34.

Handlungsabsichten des Rezipienten.[110] Daher stellt die Einstellung in dem Modell von NUFER auch die zentrale Wirkungsgröße dar, die sich direkt auf das Verhalten des Rezipienten auswirkt und von allen übrigen Variablen beeinflusst wird.

Am Anfang des Modells steht neben den Stimmungen die gemischt kognitiv-aktivierende Variable **Involvement**. Hierbei handelt es sich ebenfalls um eine Zustandsvariable, die direkt vom Stimulus beeinflusst wird. Involvement ist nach TROMMSDORFF als „der Aktivierungsgrad bzw. die Motivstärke zur objektgerichteten Informationssuche, -aufnahme, -verarbeitung und -speicherung zu verstehen."[111] Durch die freiwillige Teilnahme an einem Event kann man dem Eventteilnehmer ebenfalls ein bereits höheres Involvement unterstellen, da er in der Regel an dem Inhalt des Events interessiert ist.[112] Dieses emotionale Ereignis-Involvement soll nun genutzt werden, um die kognitiven Event-Botschaften durch eine sinnvolle Event-Inszenierung zu vermitteln.[113] Grundsätzlich wird zwischen Low- und High-Involvement unterschieden. Im Vergleich zu klassischen Kommunikationsinstrumenten, denen aufgrund der Informationsflut eher ein Low-Involvement attestiert wird, genießen neuere Kommunikationsinstrumente, allen voran das Event-Marketing, ein High-Involvement.[114] Das dem zugrunde liegende High-Involvement-Modell inkludiert die Ablaufreihenfolge, dass Involvement kognitive und emotionale Reaktionen zur Folge hat, die wiederum die Einstellung beeinflussen, welche sich zu guter letzt im Verhalten des Rezipienten wiederspiegelt.[115] Da sich der Aktiviertheitsgrad auf sämtliche intervenierende Variablen auswirkt, ist er für das Event-Marketing von besonderer Bedeutung. **Aktiviertheit** wird von TROMMSDORFF als Leistungsbereitschaft für Prozesse definiert, zu denen er „Denken", „Fühlen" und „Handeln" zählt.[116] „Jedes Verhalten bedarf der spezifischen (z.B. Zuhören) bzw. unspezifischen (das allgemeine Leistungsniveau betreffenden) Erregung. Diese Aktiviertheit (a-

---

[110] Vgl. Dübbert, A. (2013): S. 14.

[111] Trommsdorff, V. (1998): S. 50.

[112] Vgl. Meffert, H./ Burmann, C./ Kirchgeorg, M. (2008): S. 681.

[113] Vgl. Nufer, G. (2012): S. 155.

[114] Vgl. Nufer, G. (2012): S. 1.

[115] Vgl. Nufer, G. (2012): S. 155.

[116] Vgl. Trommsdorff, V. (1998): S. 43.

rousal) kann tageszeitlich bedingt sein, und sie kann durch innere Vorgänge (z.B. Nachdenken) oder durch äußere Reize (z.B. Musik) ausgelöst werden. Sie bedingt auch den Grad der Intensität, mit der die Prozesse ablaufen, in diesem Zusammenhang ist meist von Involvement die Rede."[117] Grundsätzlich gilt, dass mit steigender Aktiviertheit ebenfalls die Wahrscheinlichkeit und die Intensität der entsprechenden Reaktion steigt.

3.4.1 Motive und Bedürfnisse

Unter dem Begriff „Motiv" versteht TROMMSDORFF Eigenschaften, die durch Bedürfnisse aktiviert werden und das Verhalten von Individuen erklären sollen.[118] Daher sind Motive zur Erklärung des Konsumentenverhaltens von besonderer Bedeutung, gerade auch in Bezug auf Marketing-Events. Bedürfnisse sind als empfundene Mangelzustände zu verstehen.[119] Der wohl bekannteste Ansatz zur Einteilung von Bedürfnissen stammt von MASLOW, der diese in einer „Bedürfnispyramide" darstellt.[120]

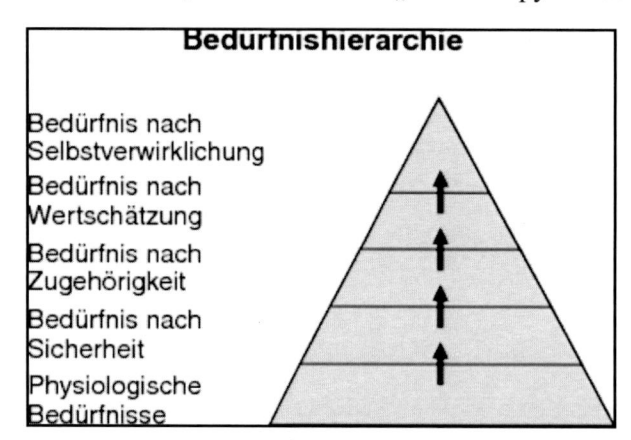

Abbildung 5: Bedürfnishierarchie nach Maslow[121]

Demnach werden Bedürfnisse in fünf Kategorien eingeteilt. Als Basis nennt MASLOW die physiologischen Bedürfnisse, die sich aus den Bedürfnissen nach Essen, Trinken und Schlafen zusammensetzen. Die darauffolgenden Sicherheitsbedürfnisse drücken

---

[117] Trommsdorff, V. (1998): S. 33.

[118] Vgl. Trommsdorff, V. (1998): S. 108.

[119] Vgl. Vgl. Trommsdorff, V. (1998): S. 108.

[120] Vgl. Gabler Wirtschaftslexikon (2013): Online im Internet.

[121] Gabler Wirtschaftslexikon (2013): Online im Internet.

sich durch das Bedürfnis nach materieller und beruflicher Sicherheit aus. Das Bedürfnis nach Zugehörigkeit impliziert soziale Bedürfnisse wie Freundschaft, Gruppenzugehörigkeit, Familie und Kommunikation. Zu dem Bedürnis nach Wertschätzung zählt Anerkennung und Geltung. Als oberstes Bedürfnis wird die Selbstverwirklichung dargestellt.[122] Hieran kann allerdings kritisiert werden, dass ein neues Bedürfnis erst dann aktiviert wird, sobald ein unterstehendes erfüllt ist. Dass dies nicht so ist, konnte in der Neurowissenschaft bereits widerlegt werden. Ein zutreffendes Modell hat HÄUSEL entwickelt. Nach seinem Ansatz sind Emotionssysteme innerhalb des Limbischen Systems[123] für den Verhaltens- und Bewertungsrahmen des Menschen verantwortlich. Diese Erkenntnis resultiert aus ausführlichen neurowissenschaftlichen Untersuchungen, die mit bestehendem Wissen der Psychologie verknüpft wurden. Hieraus entwickelte HÄUSEL unter dem Namen „Limbic" ein Emotions-Gesamtmodell. Wie MASLOW sieht auch HÄUSEL im Zentrum aller Motiv- und Emotionssysteme die Vitalbedürfnisse. Allerdings unterscheidet HÄUSEL nun zwischen drei großen Emotions-Systemen, die zwar unterschiedlich intensiv aber parallel zur Motivbildung beitragen können. Diese Emotions-Systeme sind das „Balance-System", das „Dominanz-System" sowie das „Stimulanz-System".[124]

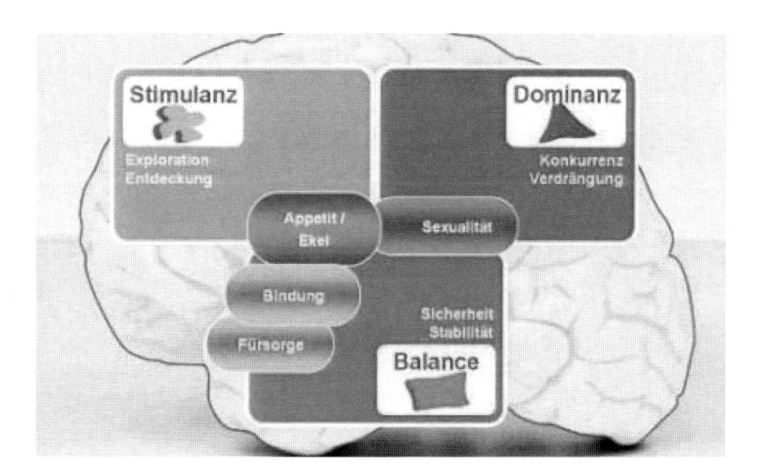

Abbildung 6: Die wichtigsten Emotionssysteme im menschlichen Gehirn[125]

---

[122] Vgl. Gabler Wirtschaftslexikon (2013): Online im Internet & Vgl. Boeree, C. G. (2006): Online im Internet.

[123] Das „Limbische System" beschreibt einen Teil im menschlichen Gerhin, das für die Verarbeitung von Emotionen zuständig ist und sich primär aus den Bereichen des orbifrontalen und ventro-medialen präfontalen Kortex zusammensetzt.

[124] Vgl. Häusel, H.-G. (2008): S.70f.

[125] Häusel, H.-G. (2008): S. 69.

Das Balance-System beinhaltet den Wunsch nach Sicherheit, Stabilität und Geborgenheit sowie die Vermeidung von Angst und Unsicherheit. Das Dominanz-System inkludiert den Wunsch nach Durchsetzung, Macht, Status und Autonomie sowie die Vermeidung von Unterdrückung. Das Stimulanz-System drückt sich durch den Wunsch nach Abwechslung, Neuem und Belohnung sowie durch die Vermeidung von Reizarmut aus.[126] Diese Bedürfnisse sind als Motivauslöser für die Erzeugung von Handlungsprozessen verantwortlich.[127]

Ein besonders relevantes Motiv in der Konsumentenverhaltensforschung ist die Vermeidung von kognitiver Dissonanz. Hierunter versteht man die Vermeidung von Unbehagen, das durch eine Handlung verursacht wird, die der Selbstwahrnehmung zuwiderläuft. Widerspricht die Verhaltensweise eines Individuums seinem Selbstbild, wirkt die Dissonanz am stärksten. Die Reduzierung der kognitiven Dissonanz erfolgt entweder durch Änderung des Verhaltens oder durch das Ändern der dissonanten Kognition sowie dem Hinzufügen von weiteren Kognitionen, um das Verhalten rechtfertigen zu können.[128]

Weiterhin geht die Selbstkonzepttheorie davon aus, dass das Selbstkonzept (das sich aus bestimmten Motiven, Einstellungen und Werten zusammen setzt) eine starke Steuerungswirkung auf das Individuum besitzt.[129] Demnach passt das Individuum sein Verhalten dem realen Selbstimage (das Bild von sich selbst) an oder verändert es dahingehend, dass es seinem idealen Selbstimage (wie das Individuum sich wahrnehmen möchte) oder dem externen Selbstimage (wie das Individuum wahrgenommen werden möchte) entspricht.[130]

---

[126] Vgl. Häusel, H.-G. (2008): S.71.

[127] Vgl. Trommsdorff, V. (1998): S.108.

[128] Vgl. Aronson, E./ Timothy, D./ Akert, R. (2008): S. 163f.

[129] Vgl.Trommsdorff, V. (1998): S. 199f.

[130] Vgl.Trommsdorff, V. (1998): S. 223.

4 Grundlagen der Lebensstil- und Trendforschung

4.1 Definition Lifestyle

Der Begriff „Lifestyle" ist synonym zu verwenden mit seiner deutschen Übersetzung „Lebensstil". Laut Duden wird der Lifestyle oder auch Lebensstil als „[moderne] charakteristische Art und Weise, das Leben zu gestalten"[131] definiert. Damit ist der Lebensstil ein Individualmerkmal[132] und beschreibt das Individuum „in der Summe seiner Existenz- und Handlungsprofile."[133]

RÖSSEL beschreibt den Lebensstil als „ein Muster verschiedener Verhaltensweisen, die eine gewisse formale Ähnlichkeit und biographische Stabilität aufweisen, Ausdruck zugrunde liegender Orientierungen sind und von anderen Personen identifiziert werden können."[134]

In der Selbstkonzepttheorie, die nach RÖSSEL eine der einflussreichsten sozialpsychologischen Persönlichkeitstheorien ist, können als Lebensstilvariablen sowohl klassische Persönlichkeitseigenschaften, als auch Einstellungen mit geringerer Reichweite sowie Motiv- und Verhaltensmuster verstanden werden. Demnach können zum Beispiel der Konsum, die Freizeit- und Kommunikationsaktivitäten sowie das Einkaufen bereits zum Lebensstil gezählt werden.[135] Zu den wesentlichen Lebensstilen zählen Gesundheitsorientierung, Desinteresse, Preisorientierung, Unbekümmert essen und trinken, Prestigeorientierung und Genussorientierung.[136] Diese Ansätze haben Verhaltensmuster gemein, die wiederum, wie in 3.4.1 erwähnt, auf Bedürfnisse des Individuums zurückzuführen sind. Demnach kann ein Lebensstil auch als Ausdruck eines Bedürfnis-Musters verstanden werden.

---

[131] Duden (2013a): Online im Internet.

[132] Vgl. Rössel, J. (2011): S. 15.

[133] Nufer, G. (2012): S. 64.

[134] Rössel, J. (2011): S. 13.

[135] Vgl. Trommsdorff, V. (1998): S. 224. & Vgl. Meffert, H./ Burmann, C./ Kirchgeorg, M. (2008): S. 200.

[136] Vgl. Trommsdorff, V. (1998): S. 216.

4.2 Lebensstilforschung

Ein zentrales Problem der Lebensstilforschung ist die Unklarheit über den konstituierenden Leitbegriff, da ebenfalls häufig von „sozialen Milieus" die Rede ist, wenn Werte- und Lebensstilebene verbunden werden.[137] Laut RÖSSEL ist der Milieubegriff „zu einem Verlegenheitsbegriff avanciert, der für soziale Großgruppen und Vergemeinschaftungen aller Art verwendet wird."[138] Seines Erachtens entsteht die Komplikation des Milieubegriffs dadurch, „dass Akteure regelmäßig verschiedene Kontexte aufsuchen, z.B. Arbeitsplatz, Nachbarschaft, Verein, Szene, Kirche, Freundeskreis, Verwandtschaft, Familie. Nur unter sehr restriktiven Bedingungen sind diese Kontexte derart einheitlich, dass sie ein homogenes Milieu konstituieren. Es ist daher unwahrscheinlich, dass ein Akteur exakt einem Milieu angehört. In aktuellen Milieuansätzen wird aber genau das unterstellt, in dem eine Person empirisch nur einem Milieu zugeordnet wird. [...] Aggregate ähnlicher Personen lassen sich als Werte-, Lebensstil- oder Lebensführungstypen bezeichnen."[139] Die Lebensstilforschung attestiert Lebensstilen eine dreifache Relevanz. Zum einen hat ein Lebensstil zum Zeitpunkt t0 eine individuelle Verhaltenskonsequenz zum Zeitpunkt t1 zur Folge. Zum anderen dienen Lebensstile ihren Akteuren zur wechselseitigen Koorientierung und stellen globale Verhaltenssyndrome dar. Das bedeutet, dass Lebensstile in bestimmten Handlungssituationen den Akteuren „einen Rahmen zur Einpassung neuer Elemente bieten".[140]

Der Begriff Lifestyle, bzw. Lebensstil stammt aber ursprünglich aus der Marktforschungspraxis und wurde nicht aus der Theorie heraus entwickelt. In diesem Bereich ist das Finden und die Abgrenzung von homogenen Zielgruppen, die nach Marketingkriterien von ihrer Größe her auch ökonomisch in Frage kommen, die Aufgabe der Lebensstilforschung. Eine Zielgruppe gilt als homogen, wenn verhaltensrelevante Merkmale, also der Ausdruck individueller Bedürfnis-Muster, weitgehend übereinstimmen.[141]

Besonders eignen sich Lebensstile für die Produktdifferenzierung und die entsprechende Positionierung im Markt. „Hier gilt es über die Segmentierung von Zielgruppen hinaus,

---

[137] Vgl. Rössel, J. (2011): S. 11.

[138] Rössel, J. (2011): S. 15.

[139] Rössel, J. (2011): S. 15f.

[140] Rössel, J. (2011): S. 26.

[141] Vgl. Trommsdorff, V. (1998): S. 215.

Markenpersönlichkeiten so zu profilieren, dass sie zu kommerziell interessanten Zielgruppen passen."[142] Durch bildhaft-emotionale Signale wird in der Lebensstil-Werbung versucht, das Produkt auf die betreffende Welt zu konditionieren. Hier gilt, dass je lebensstiladäquater die Szenarien sind, desto erfolgreicher ist die Werbung.[143]

In der Lebensstilforschung gibt es vier konzeptuelle Verfahren zur Konzeptualisierung von Lebensstilen, die sich in ihrer Orientierung und Ausrichtung unterscheiden. Die Orientierung kann bereichsübergreifend oder bereichsspezifisch sein. Bei der Ausrichtung unterscheidet man zwischen einer dimensionalen und einer typologischen. Letztere ist im deutschsprachigem Raum sehr verbreitet. Dieses Vorgehen klassifiziert typologisch durch typenbildende Verfahren Verhaltensweisen über verschiedene Bereiche hinweg. Hierzu zählen zum Beispiel das Erfassen von Freizeit-, Konsum-, Kultur- und Medienverhalten durch Clusteranalysen.[144] Regelmäßige Verhaltensmuster stehen besonders im Fokus der Lebensstilforschung. Dies impliziert ebenfalls die „Verwendung von Zeit und Geld in ihrer Verbindung mit (bzw. Abhängigkeit von) persönlichen Merkmalen."[145]

Studien haben gezeigt, dass das Alter der Akteure Auswirkungen auf den Lebensstil hat. Einerseits können hierfür Lebenszykluseffekte, also Veränderungen des Lebensstils, verantwortlich sein. Andererseits kann es sich aber auch um sogenannte Kohorteneffekte handeln, die aus der Messung resultieren, da diese Studien sich häufig auf Querschnittsdaten beziehen. Das bedeutet, dass sich Lebensstile nicht zwangsläufig verändert haben müssen, sondern das es Unterschiede zwischen Personengruppen gibt, die durch einen unterschiedlichen Zeitpunkt der Geburt und der Sozialisierung bedingt sein können.[146] BETTINA ISENGARD kommt zu dem Ergebnis, „dass sowohl der Lebenszyklus als auch die Kohortenzugehörigkeit das Freizeitverhalten prägen, dass aber Lebenszykluseffekte meist stärker sind. Bei erlebnisorientierten und kulturellen Beschäftigungen wie auch bei der Pflege sozialer Kontakte geht das Aktivitätsniveau im Laufe des Lebens mehr und mehr zurück. Anders ist das beim ehrenamtlichen Engagement, das in mittleren Altersgruppen besonders verbreitet ist. [...] Erlebnisorientierte, d.h. auf Aktiv-

---

[142] Trommsdorff, V. (1998): S. 216.

[143] Vgl. Trommsdorff, V. (1998): S. 216.

[144] Vgl. Rössel, J. (2011): S. 16.

[145] Trommsdorff, V. (1998): S. 217. & Vgl. Banning, Th. (1987): S. 1ff.

[146] Vgl. Rössel, J. (2011): S. 19.

sport, Sportveranstaltungen, Kino, Pop-/Rockkonzerte und gastronomische Einrichtungen bezogene Freizeitaktivitäten stellen ein Muster dar, bei dem die Kohorten- die Lebenszykluseffekte an Relevanz übertreffen: Nachwachsende Generationen sind zunehmend auf diese populären Freizeitbeschäftigungen hin orientiert."[147] Des Weiteren haben BAUR und AKREMI festgestellt, dass es zwar zahlreiche, wenn auch nur geringfügige, Geschlechterunterschiede in Bezug auf die verschiedenen Verhaltensbereiche gibt, dass diese jedoch lediglich äußere Variationen des Lebensstils sind und konsensuell von Männern und Frauen auf der Bedeutungsebene geteilt werden.[148]

Da die Lebensstilforschung, wie zu Beginn dieses Kapitels erwähnt, aus der Marketingpraxis entstanden ist, ist die Zukunftsforschung, also die Zukunftsperspektive der Zielgruppen, gerade in der heutigen Zeit von besonderer Relevanz, da Unternehmenserfolg ohne langfristig bindendes Konsumentenverhalten nur schwer möglich ist. Zukunftsperspektiven sind hier als Erwartungen der Zielgruppen an die Zukunft zu verstehen. „Zum Beispiel hängt das Investitionsverhalten von Haushaltsgründern entscheidend davon ab, welche beruflichen und wirtschaftlichen Erwartungen sie haben; das Konsumniveau der Senioren hängt davon ab, ob sie die Rente und die Geldwertstabilität gefährdet sehen. Diese Erwartungen und Bewertungen verändern sich im Zeitablauf. Zukunftsperspektiven sollten also nach Zielgruppen und zeitlich differenziert werden."[149] TROMMSDORFF untersuchte bereits 1985 den Zusammenhang von Zukunftsorientierung und anderen Zielgruppenmerkmalen. Bei Jugendlichen diagnostizierte sie „ein Defizit an gesamtgesellschaftlichen zugunsten von privaten Zukunftsorientierungen".[150] Wobei private Zukunftsorientierung in diesem Fall nicht das Vorsorgen durch Sparen meint, sondern eher den Einfluss auf den Zeitpunkt des Konsums, zum Beispiel durch Anschaffungen auf Kredit.[151]

Ein weiterer relevanter Aspekt der Lebensstilforschung ist die Entlastungsfunktion von Lebensstilen. Diese Entlastungsfunktion führt in Situationen, in denen der Akteur han-

---

[147] Rössel, J. (2011): S. 19.

[148] Vgl. Rössel, J. (2011): S. 20.

[149] Trommsdorff, V. (1998): S. 220.

[150] Trommsdorff, G. (1985): S. 121ff.

[151] Vgl. Trommsdorff, V. (1998): S. 220. & Vgl. Trommsdorff, G. (1985): S. 121ff.

deln oder sich entscheiden muss, zu einer Entbindung dieses Zwangs[152], da der Akteur auf Routinen, also auf bereits erlernte Lösungen in bekannten Situationen, zurückgreifen kann. Diese Routinen führen dazu, „dass Akteure in der Regel in bekannten Handlungssituationen den erlernten Routinen folgen und auch Informationen in der Situation in Bezug auf diese Routine selektiv wahrnehmen, also Hinweise auf mögliche Nachteile einer Routine tendenziell eher unterschätzen. In einer spezifischen Situation werden diese gelernten Verhaltensweisen mental dominant repräsentiert, wenn eine Entscheidungssituation als passend zur Routine wahrgenommen wird."[153] Das bedeutet, dass die Dominanz der Routinen von dem Erlernten und der ermotionalen Konditionierung des Akteurs abhängt. Wiederholungen und Gratifikationen von Handlungen intensivieren diese Routinen.[154]

4.2.1 Lifestyle-Segmentierung

Wie in Kapitel 4.2 bereits erwähnt, ist ein zentrales Ziel der Lebensstilforschung die Segmentierung des Marktes in weitestgehend homogene Zielgruppen, die von ihrer Größe her auch aus ökonomischer Sicht für das Marketing in Frage kommen können.[155] Diesen Prozess beschreibt man allgemein als Marktsegmentierung, die es zum Ziel hat, einen heterogenen Gesamtmarkt, zum Beispiel durch Durchführung von Clusteranalysen, in quasihomogene Teilmärkte aufzuteilen.[156] „Die Inhalte des Zielgruppenbegriffs sind grundsätzlich flexibel und auswechselbar, als Maxime müssen sie jedoch ein Spiegelbild der gesellschaftlichen Entwicklung darstellen."[157]

Grundsätzlich unterscheidet man zwischen sozio-demografischen und psychografischen Segmentierungskriterien. Sozio-demografische Segmentierungskriterien orientieren sich an Merkmalen geografischer, demografischer und sozialer Art. Ein wesentlicher Vorteil dieses Marktsegmentierungsansatzes, der zu den älteren traditionellen zählt, ist seine verhältnismäßig einfache und relativ eindeutige Messbarkeit. Jedoch mangelt es diesem

---

[152] Vgl. Rössel, J. (2011): S. 54.

[153] Rössel, J. (2011): S. 55.

[154] Vgl. Rössel, J. (2011): S. 55.

[155] Vgl. Trommsdorff, V. (1998): S. 215.

[156] Vgl. Nöthel (1999): S. 141.

[157] Nufer, G. (2012): S. 63.

Ansatz an Relevanz, um das Kaufverhalten der Zielgruppen bestimmen zu können, beziehungsweise für diese Zielgruppen Aussagen zu treffen, in wie weit welches Kommunikationsmittel inhaltlich zu gestalten ist. Kriterien wie Herkunft, Besiedlungsdichte, Schulbildung, Familienstand, soziale Schicht oder Bezugsgruppe geben nur wenig Auskunft über Bedürfnisse und Präferenzen. Unter einer modernen Marktsegmentierung versteht man eine Zielgruppenbildung anhand psychografischer Segmentierungskriterien. Diese haben eine deutlich stärkere Erklärungs- und Prognosefähigkeit in Bezug auf das Kaufverhalten und stellen den aktuellen Diskussionsstand zu diesem Forschungsgegenstand dar.[158] Zu den bekanntesten und umfassendsten psychografischen Segmentierungsansätzen zählt laut NUFER die Lifestyle-Segmentierung. „Der Lifestyle beschreibt einen Menschen in der Summe seiner Existenz- und Handlungsprofile. Ziel der Lifestyle-Segmentierung ist es, alle auf das menschliche Verhalten hinwirkenden Rahmenbedingungen zu erfassen, das Verhaltensrepertoire zu untersuchen und daraus Rückschlüsse zu ziehen, wie eine Angebotskonzeption auszusehen hat."[159] Aufgrund der vielfältigen Auswertungsmöglichkeiten eignet sich laut TROMMSDORFF die Lebensstilsegmentierung für nahezu jedes Problem der Marktsegmentierung im Konsumgüterbereich.[160]

Alle den Lebensstil beeinflussenden Merkmale, inklusive ihrer Ausprägungen, werden nun durch sogenannte Rahmenkonzepte geordnet. Das wohl bekannteste Rahmenkonzept ist der „AIO-Ansatz", der die Konstrukte „Activities", „Interests" und „Opinions" erfasst. Hier werden folglich Aktivitäten gemessen, die sich unter anderem auf die Arbeit, Hobbys, Urlaub, Unterhaltung oder auf das Einkaufen beziehen. Weiterhin misst der AIO-Ansatz Interessen in Bezug auf Familie, Heim, Mode, Ernährung oder Medien und Einstellungen hinsichtlich sozialer Belange, Politik, Wirtschaft oder Produkten, also alle Themen, die das Leben einer Person betreffen.[161] Nach TROMMSDORFF lassen sich Rückschlüsse auf Lebensstile bereits durch die Demonstration derer ziehen. Hierfür eignen sich besonders die Zugehörigkeit zu einer Moderichtung, der Einsatz von Kosmetik, das Urlaubsziel oder die Wohnungseinrichtung, dessen Stil ein bewährtes Klassifizierungsmerkmal in der Lebensstilforschung darstellt. Da sich Marken häufig als Aus-

---

[158] Vgl. Nufer, G. (2012): S. 64f.

[159] Nufer, G. (2012): S. 64.

[160] Vgl. Trommsdorff, V. (1998): S. 215.

[161] Vgl. Nufer, G. (2012): S. 63. & Vgl. Meffert, H./ Burmann, C./ Kirchgeorg, M. (2008): S. 200.

druck von Lebensstilen positionieren, lässt sich der Konsument anhand der Markenkombination verschiedener Produktarten einem Lebensstiltyp zuordnen.[162] Lebensstiltypisch für eine Prestige-Orientierung wäre zum Beispiel das Fahren einer S-Klasse, das Tragen von Ralph-Lauren-Anzügen und Rolex-Uhren und das Lesen des Harvard-Business-Managers.

NÖTHEL kritisiert jedoch, dass die Operationalisierung der Messgrößen in valide Begriffe nur sehr schwer möglich ist. Weitere Schwachstellen sieht Nöthel in der mangelnden Aktualität der Lebenswelten, in der Definition der Lebensstiltypen und der Komplexität des Datenmaterials. Darüber hinaus fehlt ihm ein verbindlicher theoretischer Ansatz zur Lifestyle-Segmentierung.[163] Trotz dieser Mängel überwiegen die Vorteile der Lifestyle-Segmentierung. Die Relevanz der Zielgruppenforschung für das Event-Marketing wird deutlich, wenn man die unten stehende Grafik betrachtet. So sagen 74% der Evententscheider aus, dass die Themenfindung für Events hauptsächlich zielgruppenbezogen stattfindet.

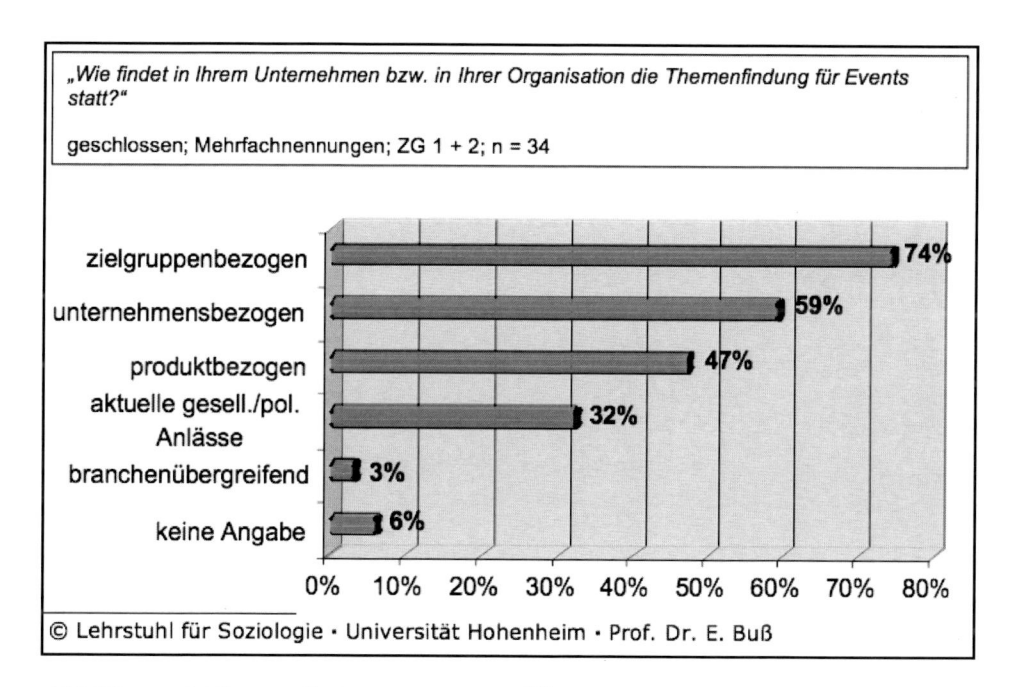

Abbildung 7: Themenfindung von Events[164]

---

[162] Vgl. Trommsdorff, V. (1998): S. 216.

[163] Vgl. Nufer, G. (2012): S. 63f.

[164] Buß, E. (2005): S. 31.

Es bleibt festzuhalten, dass die Orientierung an dem Lebensstil der Zielgruppe eines Marketing-Events in verschiedenartiger Weise relevant ist. So ist der Lebensstil als Ausdruck der Individualbedürfnisse zu verstehen, die mittels Event-Marketing befriedigt werden können. Durch Bildung quasihomogener Zielgruppen nach Lebensstilkriterien, lassen sich multisensuale Reize gezielt nach den Zielgruppenbedürfnissen zur Bedürnisbefriedigung einsetzen, deren Wahrnehmung aufgrund der gelernten - also dem Lebensstil angepassten - Routinen des Individuums eine höhere ist.

4.3 Definition Trends

Unter dem Begriff „Trend" wird eine Veränderungsbewegung oder ein Wandlungsprozess in eine bestimmte Richtung verstanden. Trends werden in den verschiedensten Lebensbereichen diagnostiziert, sei es in der Ökonomie, der Politik oder der Konsumwelt. Aufgrund dieser Vielseitigkeit werden Trends unterschiedlich eingeordnet und kognitiv verankert. Ein Trend macht laut HORX erst dann „Sinn", wenn man ihn in seinem jeweiligen Umwelt- und Referenzsystem betrachtet.[165] Trends „[...] existieren jedoch in einem umliegenden Kontinuitäts-Medium („der Welt"), in der Wellen der kontinuierlichen, zyklischen Veränderung vorherrschen. In einer groben Vereinfachung lässt sich der meta-historische Prozess als eine Schichtung von zyklischen Schwingungen verstehen, in denen die einzelnen Ebenen jeweils verschiedene Zeitschwünge ausführen."[166]

---

[165] Vgl. Horx, M. (2013a): Online im Internet.

[166] Horx, M. (2013a): Online im Internet.

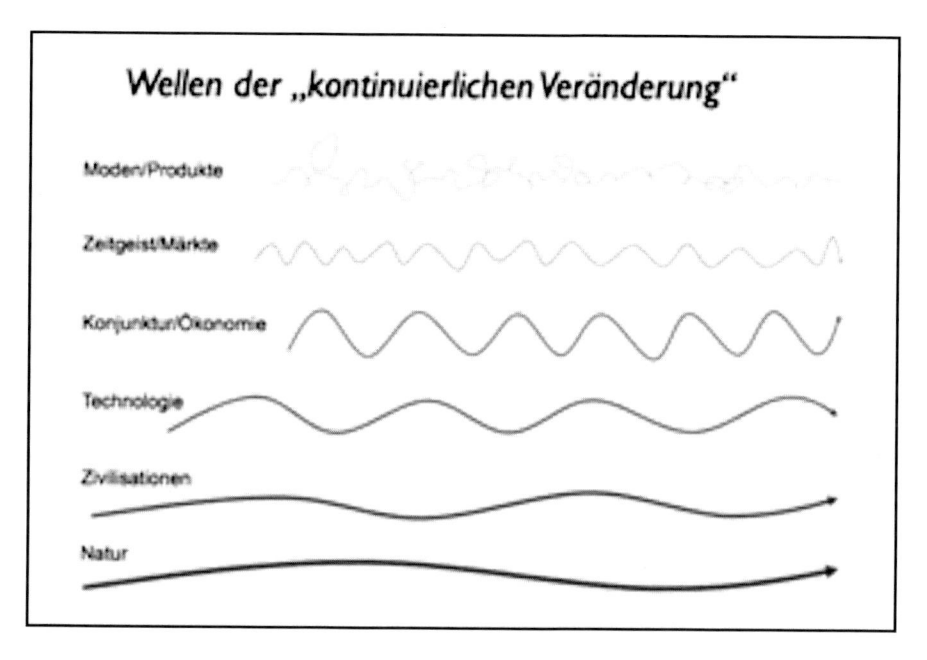

Abbildung 8: Wellen der kontinuierlichen Veränderung[167]

Die längsten kontinuierlichen, zyklischen Trends sind in der Ebene der Natur zu diagnostizieren. Hier finden in Jahrmillionen-Abständen Auf- und Abschwünge von Spezies und Ökologien statt. Eine Ebene höher sind Zivilisationsformen einzuordnen, die sich im Jahrhundert- oder Jahrtausend-Zyklus wandeln. Technologische Grund-Zyklen, besser bekannt als Kondratjew-Zyklen, besitzen einen Rhythmus von ungefähr 50 Jahren. Hierzu zählen der Beginn der Industrialisierung, die Erfindung der Eisenbahn, die Elektrotechnik und später die Einzweck-Automatisierung sowie die Informations- und Kommunikationstechnik. Konjunkturzyklen schwingen in einem Grundrhythmus von ungefähr 12 Jahren und sind in der gesamten, globalen Wirtschaft zu diagnostizieren. Dabei durchläuft ein Zyklus die Phasen Expansion (Aufschwung), Boom (Hochkonjunktur), Rezession (Abschwung) und schließlich die Depression (Konjunkturtief). Zeitgeist- und Marktzyklen verhalten sich überwiegend analog zu Innovations-Produktzyklen und haben größtenteils eine Dauer von ungefähr 5-6 Jahren. Deutlich unberechenbarer als oben genannte Zyklen sind die der Produkt- und Modewellen. Horx attestiert ihnen einen unberechenbaren Charakter. Die Dauer dieser Wellen überschreitet selten ein halbes Jahr und entspricht somit einer „Saison".[168]

---

[167] Horx, M. (2013a): Online im Internet.

[168] Vgl. Horx, M. (2013a): Online im Internet.

4.4 Trendforschung

Trendforschung ist, wie auch die Zukunftsforschung, eine Disziplin der prognostischen Wissenschaft. Diese zwei Disziplinen sind eng miteinander verknüpft und bauen zum Teil aufeinander auf, sind jedoch sorgfältig zu unterscheiden, da Trends grundsätzlich als Gegenwartsphänomene verstanden werden und somit nicht prognostiziert werden können.[169] Die Trendforschung dient eher „[...] als Instrument für kurzfristige Prozesse in Marketing, Produkt- und Innovationsentwicklung."[170] Die klassische Zukunftsforschung verfolgt hingegen die Aufgabe Orientierungs- und Entscheidungshilfen bereitzustellen. Sie findet Anwendung in den Bereichen Management, Politik, Verwaltung, Wissenschaft oder Militär.[171]

Das in 4.3 genannte Wellenmodell kann nun dazu genutzt werden, um verschiedene Trend-Kategorien zu implementieren. Sogenannte Metatrends bilden in der Natur die evolutionäre Konstante und unterliegen keinen Zyklen. Laut HORX sind sie Ausdruck systemischer oder evolutionärer Konstanten, wie zum Beispiel der Trend zu steigender Komplexität.[172] Eine weitere Kategorie bilden Megatrends. Von einem Megatrend ist die Rede, wenn ein Trend eine Halbwertszeit von mindestens 50 Jahren hat, der Trend sich global und auf alle Lebensbereiche auswirkt, wie es zum Beispiel bei Kondratjew-Zyklen der Fall ist. NAISBITT beschreibt Megatrends auch als „Blockbuster" der Veränderungen.[173] Unter soziokulturellen Trends werden mittelfristige Veränderungsprozesse verstanden, „die von den Lebensgefühlen der Menschen im sozialen und technischen Wandel geprägt werden, sich aber auch stark in den Konsum- und Produktwelten bemerkbar machen. Die größeren von ihnen haben eine Halbwertszeit von rund 10 Jahren. [...] Hier handelt es sich AUCH um einen Marketing- und Konsumtrend, dessen Motive und „Treiber" jedoch in tieferen Bereichen der Soziokultur zu finden sind (Körperbilder, Wertesysteme etc.)."[174] Zu ihnen zählen die durch den Wertetrend bedingte Freizeit-, Erlebnis-, und Genussorientierung, als auch das Streben nach Individualität

---

[169] Vgl. Horx, M. (2013c): Online im Internet.

[170] Horx, M. (2013c): Online im Internet.

[171] Vgl. Horx, M. (2013b): Online im Internet. & Vgl. Otto, R. (1993): S. 92.

[172] Vgl. Horx, M. (2013a): Online im Internet.

[173] Vgl. Naisbitt, J. (1982): S. 217f.

[174] Horx, M. (2013a): Online im Internet. & Vgl. Deckers, R./ Heinemann, G. (2008): S. 307.

und Selbstverwirklichung.[175] Hier wird deutlich, dass soziokulturelle Trends - wie auch Lebensstile - Ausdruck individueller Bedürfnisse sind. Weitere Trend-Kategorien sind die Zeitgeist- oder Konsum-Trends, die auch als durch medialen Einfluss verstärkte „Infektionstrends" verstanden werden können. Sie weisen einen modischen Charakter auf und können soziokulturelle, bzw. Wertewandel-Prozesse reflektieren. Mikrotrends sind kurzfristige Gewohnheits- und Konsumphänomene. Entwicklungen, die besonders in einer Branche dominant sind, werden als Branchentrends kategorisiert.[176]

Für die Wirkungsweise des Event-Marketing eignet sich besonders die Betrachtung soziokultureller Trends, da diese aus Bedürfnissen und Werten der Konsumenten resultieren und somit in Wechselwirkung mit dem Marketing-Event stehen. Einerseits trägt die Berücksichtigung soziokultureller Trends bei Marketing-Events zur Bedürfnisbefriedigung bei, andererseits nehmen Marketing-Events Einfluss auf die Einstellungen der Eventteilnehmer und somit auf sein Werte-Konstrukt[177], das wiederum den Lebensstil des Eventteilnehmers beeinflussen kann.[178]

---

[175] Vgl. Nufer, G. (2012): S. 10. & Vgl. Kroeber-Riel, W./ Weinberg, P. (2003): S. 20ff.

[176] Vgl. Horx, M. (2013a): Online im Internet.

[177] Vgl. Horx, M./ Horx, O. (2013): Online im Internet.

[178] Vgl. Trommsdorff, V. (1998): S. 221.

5 Lifestyle und Trends als relevante Determinanten des Eventcharakters

5.1 Definition Eventcharakter

Der Charakter ist laut Duden eine „einer Personengruppe oder einer Sache innewohnende oder zugeschriebene charakteristische Eigenart."[179] Also ein „zum Wesen einer Person oder Sache gehörendes Merkmal; charakteristische [Teil-]Beschaffenheit oder [persönliche, charakterliche] Eigentümlichkeit."[180] Der Charakter eines Menschen oder einer Sache offenbart sich also erst durch seine Wahrnehmung durch Aussenstehende und wird somit durch Kommunikation im Kopf des Rezipienten abgebildet. Der Begriff „Charakter" wird laut Duden auch synonym mit den Begriffen „Eigenschaft" und „Profil" verwendet.[181] Um nun den Charakter eines Marketing-Events beschreiben zu können, ist es sinnvoll die verschiedenen, beobachtbaren Eigenschaften eines Events näher zu betrachten. Diese werden deutlich, wenn man MEFFERTS mehrstufiges Modell des Kommunikationsprozesses betrachtet, das er auch als Paradigma der Kommunikation beschreibt. Dieses Modell hat MEFFERT aufbauend auf LASSWELL'S Kommunikationsmodell von 1948 „Wer sagt was über welchen Kanal zu wem", das auch als Lasswelsche Formel bekannt ist, entwickelt.[182]

„**Wer** (Unternehmen)

sagt **was** (Kommunikationsbotschaft)

unter welchen **Bedingungen** (Umwelt-, Wettbewerbssituation)

über welche **Kanäle** (Kommunikationsinstrumente)

auf welche **Art und Weise** (Gestaltung der Kommunikationsbotschaft)

zu **wem** (Zielgruppen)

mit welcher **Wirkung** (Kommunikationserfolg)?"[183]

---

[179] Vgl. Duden (2013c): Online im Internet.

[180] Vgl. Duden (2013d): Online im Internet.

[181] Vgl. Duden (2013c): Online im Internet.

[182] Vgl. Meffert, H./ Burmann, C./ Kirchgeorg, M. (2008): S. 632.

[183] Meffert, H./ Burmann, C./ Kirchgeorg, M. (2008): S. 632.

Dieser Leitfaden zur systematischen Entwicklung einer Kommunikationsstrategie lässt sich ebenfalls zum Verständnis des Eventcharakters anwenden, indem man die Eigenschaften dieses Leitfadens auf das Marketing-Event überträgt. Das Unternehmen oder auch der Kommunikator wäre in diesem Fall das **Event-Marketing-Objekt**, also das als Veranstalter auftretende Unternehmen, die im Fokus stehende Marke oder das Produkt. Die Kommunikationsbotschaft wird zur **Event-Marketing-Botschaft** und kann beispielsweise Informationen, Werte und Emotionen implizieren, die durch das Marketing-Event vermittelt werden sollen. Die **Bedingungen**, unter denen die Veranstaltung stattfindet, resultieren sowohl aus der Wettbewerbssituation, als auch aus Umwelteinflüssen. Hierzu sind ebenfalls Trends zu zählen, die sich auf das Marketing-Event auswirken. Der Kanal, beziehungsweise das Kommunikationsinstrument, über den die Event-Marketing-Botschaft vermittelt wird, wird durch das in Kapitel 2.5 dargestellte Modell von NUFER zur Visualisisierung der **Eventtypologie** bestimmt und durch die drei Dimensionen „Zielgruppe", „Inszenierung des Events" und „Konzept des Event-Marketing" definiert. Die Art und Weise der Übermittlung der Event-Marketing-Botschaft wird durch die **Inszenierungsrichtlinien** bestimmt und impliziert den Einsatz multisensualer Reize.[184] Die während eines Events gesendete Event-Marketing-Botschaft kann, abhängig von der jeweiligen Zielsetzung und ihrer Gestaltung, kognitive oder affektive Prozesse auslösen. Kognitive Prozesse verfolgen das Ziel Informationen zu vermitteln. Durch Events wird dieses Wissen in einem emotionalem Kontext erlebbar gemacht, was zu einer Verstärkung der Erinnerungsleistung bezüglich des Kommunikationsobjektes führt. Affektive Prozesse resultieren hingegen direkt in einem Imagetransfer, da die bei einem Event erlebten Emotionen intensiver verinnerlicht werden.[185] Diese **Wirkungsweisen** wurden in einem Modell von NUFER zur Erklärung der Wirkungsweise von Event-Marketing in Kapitel 3.3 ausführlich dargestellt. Der Rezipient gehört zur **Event-Marketing-Zielgruppe** und ist einer internen oder externen Zielgruppe zuzuordnen. Die beschriebenen Wirkungsmöglichkeiten ermöglichen einen Image-Transfer, der als **Event-Marketing-Ziel** zu verstehen ist.[186]

---

[184] Vgl. Nufer, G. (2012): S. 72.

[185] Vgl. Meffert, H./ Burmann, C./ Kirchgeorg, M. (2008): S. 681.

[186] Vgl. Nufer, G. (2012): S. 72.

Die Wahrnehmung dieser Eigenschaften eines Marketing-Events durch den Rezipienten bilden nun den Eventcharakter. Da Wahrnehmung auf Reize zurückzuführen ist, kann ferner angenommen werden, dass die Summe aller auf den Rezipienten einwirkenden Reize durch das Marketing-Event seinen Eventcharakter abbilden.

5.1.1 Lifestyle-Orientierung in Bezug auf den Eventcharakter

Unter der Lifestyle-Orientierung wird nun die Anpassung der einzelnen, aus MEFFERTS Paradigma der Kommunikation abgeleiteten Eigenschaften eines Marketing-Events (deren Wahrnehmung seinen Eventcharakter darstellen) an einen bestimmten Lebensstil verstanden. Zu diesen Eigenschaften zählen das Event-Marketing-Objekt, die Event-Marketing-Botschaft, die Bedingungen unter denen das Marketing-Event stattfindet, der Eventtyp, die Inszenierung und Wirkungsweise, die Event-Marketing-Zielgruppe sowie das Event-Marketing-Ziel.

Grundsätzlich steht bei die Lifestyle-Orientierung immer die **Event-Marketing-Zielgruppe** im Fokus, nach der sich alle weiteren Entscheidungen und Maßnahmen richten. Diese Event-Marketing-Zielgruppe wird durch die in Kapitel 4.2.1 beschriebene Lifestyle-Segmentierung definiert und weist einen quasihomogenen Lebensstil vor, der wiederum ein einheitliches Bedürfnis-Muster darstellt. In Bezug auf das **Event-Marketing-Objekt**, das als zu präsentierende Marke oder dem dahinter stehenden Unternehmen (sowie deren Produkte, die gegebenenfalls im Fokus des Marketing-Events stehen sollen) verstanden werden kann, ergeben sich nun drei denkbare Szenarien. Einerseits kann es sich um eine neue Marke handeln mit der noch kein Lebensstil assoziiert wird. In diesem Fall wird durch das Marketing-Event das Ziel verfolgt, mittels eines Image-Transfers ein lebensstiladäquates Markenprofil zu generieren. Andererseits kann es sich aber um eine etablierte Marke handeln, der durch die Öffentlichkeit bereits ein bestimmter Lebensstil attestiert wird. In diesem Fall ergeben sich zwei Szenarien. Entweder verfolgt das Marketing-Event das Ziel durch Lifestyle-Orientierung das aktuelle Image zu festigen oder aber dieses zu einem bestimmten Lebensstil hingehend verändern zu wollen. Letzteres erreichte beispielsweise Mercedes Benz 2012 in Form einer Image-Verjüngung (im Zuge der „Der Pulsschlag einer neuen Generation"-Kampagne), indem sie das Event-Marketing-Objekt „A-Klasse" an den durch den Lebensstil resultierenden Zielgruppenbedürfnissen anpasste. Durch Kooperation mit der Nationalmannschaft des

DFB und dem Einsatz einer cross-medialen Kampagne hat Mercedes-Benz eine junge, sportliche und fussball-affine Zielgruppe angesprochen und somit dem Event-Marketing-Objekt einen sportlichen Charakter zugewiesen. Das **Event-Marketing-Ziel** ist folglich ein Lifestyle-Transfer vom Marketing-Event auf das Event-Marketing-Objekt. Anhand dieses Ziels wird nun die lebensstilorientierte **Event-Marketing-Botschaft** ausgerichtet. Diese inkludiert, wie in Kapitel 4.1 erwähnt, sowohl Informationen, als auch Werte und Emotionen, die ebenfalls lebensstilorientiert vermittelt werden können. Um bei dem Beispiel der „A-Klasse" zu bleiben, handelt es sich bei kognitiven Informationen beispielsweise um technische Eigenschaften oder Preise. Werte die möglicherweise implizit vermittelt werden, sind Zuverlässigkeit, Perfektion und Status.[187] Der **Eventtyp** wird, wie in Kapitel 5.1 durch NUFERS Modell zur Visualisierung der Eventtypologie definiert, anhand der Dimensionen „Inszenierung", „Konzept" und „Zielgruppe" ausgewählt und dient zur Vermittlung der Event-Marketing-Botschaft. Ein Marketing-Event zur Präsentation der „A-Klasse" fand beispielsweise im Zuge des Genfer Auto-Salons[188] statt. Hier wurde einer unternehmensexternen Zielgruppe ein anlass- und markenorientiertes Konzept durch eine Infotainment-Inszenierung vorgestellt. Grundsätzlich eignet sich jeder Eventtyp für Lifestyle-Transfers, allerdings muss sich auch hier die Eventtypenselektion - also das Konzept sowie die Inszenierung des Marketing-Events - an der Zielgruppe orientieren. Die **Inszenierung** des Events inkludiert alle zur Verfügung stehenden, gestalterischen Möglichkeiten, die durch den Einsatz multisensualer Reize ein lebensstiladäquates Ambiente generieren. Hierzu zählen neben visuellen und auditiven Reizen, über die der Rezipient primär erreicht wird, auch olfaktorische, gustatorische sowie haptische Reize. Werden diese Reize nun dem Lebensstil der Zielgruppe angepasst, steigt wie in 4.2 beschrieben, deren Wahrnehmung sowie deren **Wirkung**. Auf die **Bedingungen**, unter denen das Marketing-Event stattfindet, kann kein Einfluss genommen werden. Dafür können diese **Bedingungen** aber berücksichtigt und innerhalb der Gestaltung des Marketing-Events aufgegriffen werden.

---

[187] Vgl. Mercedes-Benz (2013a): Online im Internet.

[188] Vgl. Mercedes-Benz (2013b): Online im Internet.

5.1.2 Trend-Beachtung in Bezug auf den Eventcharaker

Der Begriff Trend-Beachtung meint die Berücksichtigung, beziehungsweise die Orientierung eines Marketing-Events an einem oder mehreren Trends, diese stellen in Bezug zum Eventcharakter die **Bedingungen** dar, unter denen das Marketing-Event stattfindet. Im Fokus stehen hier Zeitgeist- oder Markttrends, soziokulturelle Trends sowie Mode- oder Produkttrends. Die Zeitgeist- und Markttrends verhalten sich wie in 4.3.1 erwähnt analog zu Innovations-Produktzyklen. Zu den aktuellen, technischen Innovationen zählen zum Beispiel die Sprach- und Gestensteuerung von technischen Geräten sowie Smartphones und Tablets, die häufig Eingang in Marketing-Events finden und hierdurch zur Gestaltung der Event-Marketing-Botschaft und zur **Inszenierung** des Marketing-Events beitragen. Zu den konstatierten soziokulturellen Trends zählen die steigende Freizeit-, Erlebnis- und Genussorientierung, die laut NUFER aus einem Streben nach Individualität und Selbstverwirklichung resultieren.[189] Hier wird deutlich, dass Trends und Lifestyle sehr eng miteinander verknüpft sind. Um diesen soziokulturellen Trends Rechnung zu tragen, können multisensuale Erlebnisse gezielt zur Befriedigung der aus den Trends resultierenden Eventteilnehmerbedürfnissen generiert werden. Darüber hinaus können die damit einhergehenden Werte ebenfalls in der **Event-Marketing-Botschaft** aufgegriffen und somit auf das **Event-Marketing-Objekt** transferiert werden. Grundsätzlich wird angenommen, dass das Marketing-Event aufgrund der wachsenden Erlebnisorientierung selbst bereits einen Teil zur Bedürfnisbefriedigung beiträgt. Mode- und Produkttrends sind wie bereits erwähnt meist nur von kurzer Dauer und reflektieren soziokulturelle Trends. Auf diese Trends kann ebenfalls durch die Gestaltung der Event-Marketing-Botschaft sowie durch die Anpassung der **Event-Marketing-Zielgruppe** eingegangen werden. Ein gelungenes Beispiel für die Trendorientierung von Marketing-Events stellt das Unternehmen Red Bull dar, das mittlerweile den Einsatz nahezu sämtlicher Trendsportarten innerhalb ihres Event-Marketing quasi für sich beansprucht. Hierzu zählen eine ganze Bandbreite von verschiedenen global stattfindenden Marketing-Events, die sich immer an einer Trendsportart (wie beispielsweise „Motorsport", „Bike", „Surfing", „Adventure" und „Skateboarding") orientieren und somit eine konkrete Szene ansprechen.[190]

---

[189] Vgl. Nufer, G. (2012): S. 10.

[190] Vgl. Red Bull (2013): Online im Internet.

5.2 Einfluss von Lifestyle und Trends auf die Wirkungsweise von Marketing-Events

Um nun den Einfluss der Lifestyle-Orientierung und der Trend-Beachtung auf die Wirkungsweise von Marketing-Events darzustellen, wird an dieser Stelle der Versuch unternommen die Wirkungsprozesse hypothetisch deduktiv nachzuweisen. Grundsätzlich wird angenommen, dass die Wirkungsintensität mit zunehmender Anzahl der auf eine Wirkungsgröße einwirkenden intervenierenden Variablen steigt. So wirken sich beispielsweise sowohl der Stimulus, als auch die Stimmung auf das Involvement aus. Gemäß der Annahme ist das Involvement ein höheres, sofern bei gleichbleibendem Stimulus die Stimmung eine positivere ist. Inwieweit sich die Wirkungsintensität der Gesamtwirkung aus Teilwirkungen zusammensetzt, sei es durch Multiplikation oder Summierung, bleibt offen. NUFER beschreibt in seinem Modell, dass der Stimulus (also das Marketing-Event) primär auf das Involvement und die Stimmung wirkt. Ferner räumt er den intervenierenden Variablen Involvement und Stimmung eine fundamentale Rolle im Wirkungsprozess des Marketing-Events ein, da sich diese erheblich auf alle weiteren intervenierenden Variablen auswirken und somit wesentlich zum Image-Transfer beitragen.[191] Daher werden im Folgenden die Wirkung der Lifestyle-Orientierung und der Trend-Beachtung auf das Involvement und auf die Stimmung im Fokus stehen.

Wirkung der Lifestyle-Orientierung auf Involvement

Wie bereits in Kapitel 2.1 erwähnt, sind die zwei grundlegenden Antriebskräfte die aus dem Gratifikationsprinzip resultierende Bedürfnisbefriedigung sowie die aus dem Knappheitsprinzip abgeleitete Motivation mit knappen Ressourcen einen möglichst hohen Nutzen erzielen zu wollen.[192] Da Lebensstilsvariablen ebenfalls als Motiv- und somit als Bedürfnismuster verstanden werden können[193], darf davon ausgegangen werden, dass bei kongruenter Adaption des entsprechenden Lebensstils auf das Marketing-Event - im Vergleich zu Marketing-Events mit inkongruenterer Lebensstil-Orientierung - die Bedürfnisbefriedigung eine höhere ist und somit auch die Aktiviertheit des Rezipienten steigt. Ebenso kann davon ausgegangen werden, dass sich der Rezipient von einem lebensstiladäquaten Marketing-Event einen größeren Nutzen verspricht, da der Nutzen

---

[191] Vgl. Nufer, G. (2012): S. 155f. & Vgl. Kapitel 3.4.

[192] Vgl. Meffert, H./ Burmann, C./ Kirchgeorg, M. (2008): S. 4f.

[193] Vgl. Kapitel 4.1.

einerseits als die Fähigkeit eines Gutes oder einer Sache beschrieben wird, ein bestimmtes Bedürfnis befriedigen zu können. Andererseits kann ein gutes Gefühl, soziale Achtung oder individuelle Identität einen Nutzen darstellen.[194] Betrachtet man die in 3.4.1 dargestellte Selbstkonzepttheorie, wird deutlich, dass dieser Nutzen ebenfalls durch ein lebensstiladäquates Marketing-Event erfüllt werden kann, da die Teilnahme an einem Marketing-Event sehr wahrscheinlich - bedingt durch die freiwillige Partizipation - dem Selbstbild des Event-Teilnehmers entspricht.[195] Analog zum erhöhten Nutzenversprechen steigt auch die Aktiviertheit. Hier gilt, je homogener die Zielgruppe ist und je kongruenter die Lifestyle-Adaption erfolgt, desto höher ist auch die durch die Bedürfnisbefriedigung resultierende Aktiviertheit der Eventteilnehmer. Davon ausgehend, dass die Partizipation des Rezipienten intrinsisch motiviert und nicht gleichgültig erfolgt, ist ebenfalls von einem erhöhten Involvement auszugehen.

Stimmungen wirken sich direkt auf das Involvement des Eventteilnehmers aus. Grundsätzlich kann auch hier - durch die freiwillige Partizipation bedingt - von einer positiven Grundstimmung ausgegangen werden, die durch Lifestyle-Orientierung intensiviert wird, da sich der Eventteilnehmer durch Partizipation am Marketing-Event so darstellen kann, wie er (gemäß der Selbstkonzepttheorie) von seiner Umwelt wahrgenommen werden möchte.

Weiterhin wirkt sich der Stimulus, also der Einsatz multisensualer Reize, direkt auf das Involvement aus.[196] Diese Wirkung kann durch Anpassung der Reize an den Lebensstil intensiviert werden, da die Wahrnehmung von Reizen ebenfalls von der ihm attestierten Bedürfnisbefriedigung abhängt. Ferner steigt, wie in Kapitel 4.2 beschrieben, durch lebensstiladäquate Reize die Wahrscheinlichkeit, dass diese vom Rezipienten wahrgenommen werden, da hier - im Gegensatz zu (für den Rezipienten) unbekannteren Reizen - von einer erhöhten Sensibilisierung ausgegangen werden kann, die aus den gelernten Routinen eines Individuums resultieren.[197]

---

[194] Vgl. Suchanek, A. (2013): Online im Internet.

[195] Vgl. Trommsdorff, V. (1998): S. 223.

[196] Vgl. Kapitel 3.4.

[197] Vgl. Rössel, J. (2011): S. 55.

Wirkung der Lifestyle-Orientierung auf Stimmungen

Wie in Kapitel 2.2 erwähnt, kann dem Eventteilnehmer bereits durch die Partizipation des Marketing-Events eine bessere Stimmung unterstellt werden.[198] Diese wird laut dem Modell der Wirkungsweise von NUFER direkt durch das Involvement beeinflusst.[199] Da davon auszugehen ist, dass das Involvement durch die Lifestyle-Orientierung und somit durch eine stärkere Bedürfnisbefriedigung ein höheres ist, verbessert sich analog die Stimmung.[200] Darüber hinaus wirkt das Marketing-Event selbst durch den Einsatz multisensualer Reize auf die Stimmung. Wie bereits beim Involvement beschrieben, steigt die Wahrnehmung der Reize, wenn diese an den Lebensstil des Eventteilnehmers angepasst werden, da die Wahrnehmung dieser Reize eine erlernte Routine darstellt.[201] Das Resultat ist eine stärkere Wirkung auf die Stimmung. Wie in 3.4 erwähnt, besagt die umweltpsychologische Theorie zur Stimmungsverursachung, dass die Stimmung eine bessere ist, wenn das Individuum seine Umwelt besser begreifen kann. Es ist davon auszugehen, dass ein Eventteilnehmer ein an seinem Lebensstil orientiertes Marketing-Event durchaus besser begreifen kann, da man ihm ein Vorwissen, bzw. ein Bewusstsein über den eigenen Lebensstil unterstellen kann. Des Weiteren werden Stimmungen laut Interaktionstheorie durch soziale Interaktion beeinflusst. Demnach sind Zuwendung, Anerkennung, Bestätigung und Belohnung für eine bessere Stimmung verantwortlich.[202] Da die Werte-Muster der Eventteilnehmer durch ihren quasihomogenen Lebensstil relativ identisch sein werden, ist davon auszugehen, dass das Individuum in seinem real wahrgenommenen Selbstimage durch Wahrnehmung anderer ähnlicher Individualimages bestätigt wird.[203] Des Weiteren werden Stimmungen durch Emotionen beeinflusst, die wiederum durch ein erhöhtes Involvement stärker wirken.[204] Somit ist festzustellen, dass die Wahrscheinlichkeit einer besseren Stimmung der Eventteilnehmer durch lebensstilorientierte Marketing-Events steigt.

---

[198] Vgl. Meffert, H./ Burmann, C./ Kirchgeorg, M. (2008): S. 681.

[199] Vgl. Nufer, G. (2012): S. 152f.

[200] Vgl. Trommsdorff, V. (1998): S. 43.

[201] Vgl. Rössel, J. (2011): S. 55.

[202] Vgl. Trommsdorff, V. (1998): S. 65ff.

[203] Vgl. Kapitel 3.4.1.

[204] Vgl. Nufer, G. (2012): S. 155.

Wirkung der Trend-Beachtung auf das Involvement

Ausgehend davon, dass soziokulturelle Trends, wie beispielsweise der wachsende Trend zur Freizeit-, Erlebnis- und Genussorientierung, aus Bedürfnissen des Individuums resultieren[205], kann wie bereits erwähnt, angenommen werden, dass durch Befriedigung dieser Bedürfnisse durch das Marketing-Event die Aktiviertheit und somit das Involvement des Individuums steigt. Entspricht ein Trend den Bedürfnissen des Eventteilnehmers, ist er für die vom Trend ausgehenden Reize empfänglicher und seine Wahrnehmung gegenüber diesen eine höhere, da er wie bereits erwähnt mittels gelernter Routinen lebensstiladäquate Informationen selektiv wahrnimmt.[206] Somit kann durch den Einsatz trendorientierter, multisensualer Reize das Involvement ebenfalls erhöht werden. Konsumtrends stellen Symptome dieser soziokulturellen Trends dar und inkludieren Produkt- und Modetrends,[207] die nach TROMMSDORFF zur Demonstration eines Lebensstils in Betracht kommen und dementsprechend Rückschlüsse auf das Motiv- bzw. Bedürfnis-Muster des Eventteilnehmers zulassen. Da Markenartikel häufig als Ausdruck von Lebensstilen positioniert werden, lassen sich durch deren Konsum lebensstiltypsche Markenkombinationen feststellen.[208] Diese Markenmuster bilden für das Individuum eine Orientierungsfunktion. Durch das Konsumieren einer bestimmten Marke, was ebenfalls die Partizipation an einem Marketing-Event darstellen kann, hat der Eventteilnehmer die Möglichkeit Einfluss auf sein Selbstkonzept zu nehmen. Diese Einflussmöglichkeit stellt für den Eventteilnehmer einen Nutzen dar, der zur Bedürfnisbefriedigung des Eventteilnehmers und infolgedessen zur Steigerung seiner Aktiviertheit beiträgt.[209] Darüber hinas wirken sich positive Stimmungen analog auf das Involvement aus. Inwieweit sich Stimmung durch Trend-Beachtung beeinflussen lässt, ist Gegenstand des folgenden Abschnitts.

---

[205] Vgl. Trifels (2013): Online im Internet.

[206] Vgl. Rössel, J. (2011): S. 55.

[207] Vgl. Horx, M./ Horx, O. (2013): Online im Internet.

[208] Vgl. Trommsdroff, V. (1998): S. 216.

[209] Vgl. Trommsdorff, V. (1998): S. 223.

Wirkung der Trend-Beachtung auf die Stimmung

Stimmungen sind, wie in 3.4 bereits erwähnt, stark mit Emotionen verknüpft. Da Emotionen unter anderem durch äußere Reize hervorgerufen werden können, kann nun durch das Marketing-Event, beziehungsweise durch den Einsatz trendorientierter, multisensualer Reize, indirekt verstärkt Einfluss auf die Stimmung genommen werden[210], was wiederum zu einer emotionalen Aktiviertheit führt. Ferner wird die Stimmung erheblich vom Involvement beeinflusst. Da dieses bei Trend-Beachtung ein höheres ist, kann davon ausgegangen werden, dass die Stimmung sich analog verbessert.

Gesamtwirkung der Lifestyle-Orientierung und der Trend-Beachtung

Wie zuvor erwähnt, steigt durch Lifestyle-Orientierung und Trend-Beachtung die Wahrscheinlichkeit, dass die multisensualen Reize des Marketing-Events ein erhöhtes Involvement sowie eine verbesserte Stimmung des Eventteilnehmers auslösen. Hierdurch kann die Wirkung des Marketing-Events intensiviert werden, da sich sowohl das Involvement, als auch die Stimmung auf alle weiteren intervenierenden Variablen auswirken[211], was im Folgenden erläutert wird.

Durch ein erhöhtes Involvement steigt beispielsweise die Intensität der emotionalen Erlebniswerte des Eventteilnehmers. Diese Erlebniswerte führen zu einer langfristigen Gedächtniswirkung. Eine emotionale Konditionierung sowie ein höheres Involvement wirken sich weiterhin positiv auf die Lernleistung aus. Dieser Konditionierungsprozess kann durch den Einsatz trendorientierter, multisensualer Reize intensiviert werden. Weiterhin wirkt sich der Aktivierungsgrad auf die Informationssuche, Informationsaufnahme und auf die Informationsverarbeitung aus. Ebenso nehmen Stimmungskongruenzeffekte Einfluss auf die Lernleistung. Es gilt, je positiver die Stimmung ist, desto höher ist der Lernerfolg.[212]

Diese kognitiven und emotionalen Reaktionen auf den Stimulus haben einen erheblichen Einfluss auf die Einstellung des Eventteilnehmers. Durch positive Stimmungen und hohes Involvement wird die Einstellungsbildung deutlich erhöht. Mittels dieses Einflusses auf die Einstellung des Eventteilnehmers kommt es einerseits zu einem Ima-

---

[210] Vgl. Trommsdroff, V. (1998): S. 66.

[211] Vgl. Nufer, G. (2012): S. 155ff.

[212] Vgl. Kapitel 3.4 & Vgl. Nufer, G. (2012): S. 156.

getransfer und andererseits wird Einfluss auf das Werte-Muster des Eventteilnehmers genommen, da Werte nach TROMMSDORFF verschiedene Einstellungen umfassen.[213] Folglich können Marketing-Events, abhängig von ihrer Reichweite, Einfluss auf Wertetrends, beziehungsweise das Normen- und Wertesystem der Gesellschaft nehmen.[214] Dieser Einfluss wird durch Lifestyle-Orientierung und Trend-Beachtung intensiviert.

5.3 Erfolgsmessung

Um nun den Erfolg von Lifestyle- und Trendorientierung eines Marketing-Events bestimmen zu können, bedarf es einer geeigneten Definition des Begriffs „Erfolg" in Bezug auf Marketing-Events. Als Erfolg wird auch „das Erreichen eines definierten oder allgemein als erstrebenswert anerkannten Ziels verstanden."[215] In der Betriebswirtschaft spricht man auch erst dann von einem Erfolg, wenn Effektivität und Effizienz gegeben sind. Eine Maßnahme wird dann als effektiv bezeichnet, wenn sie zur Erreichung eines bestimmten Ziels geeignet ist.[216] Unter Effizienz wird die Art und Weise der Zielerreichung verstanden. Eine Maßnahme wird als effizient bezeichnet, wenn sie zum Beispiel unter Wahrung der Wirtschaftlichkeit geeignet ist, ein bestimmtes Ziel zu erreichen.[217] Ein Marketing-Event ist also dann als effizient zu bezeichnen, wenn der Nutzen des Events den aus dem Marketing-Event resultierenden Kosten überwiegt. Weiterhin ist für die Erfolgsmessung des Marketing-Events die Betrachtung aller Phasen eines Events von großer Bedeutung. Hier wird sowohl die Planungsphase als auch die Nachbereitung berücksichtigt, da auch in diesen Phasen Ursachen für eventuelle Zielabweichungen festgestellt werden können.[218]

---

[213] Vgl. Trommsdorff, V. (1998): S. 174f.

[214] Vgl. Meffert, H./ Burmann, C./ Kirchgeorg, M. (2008): S. 719.

[215] Bergmann, S. (2005): S. 24f.

[216] Vgl. Amelung, V. E. (2013): Online im Internet.

[217] Vgl. Lackes, R. (2013): Online im Internet.

[218] Bergmann, S. (2005): S. 24f.

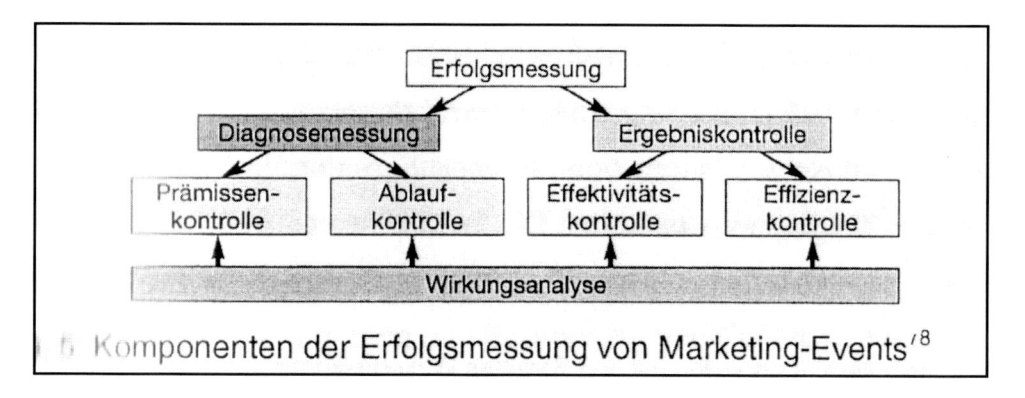

```
┌─────────────────────────────────────────────────────────┐
│                    Erfolgsmessung                        │
│                   ↙           ↘                          │
│          Diagnosemessung    Ergebniskontrolle            │
│           ↙        ↘          ↙         ↘                │
│      Prämissen-  Ablauf-  Effektivitäts- Effizienz-      │
│      kontrolle   kontrolle  kontrolle    kontrolle       │
│           ↑        ↑          ↑           ↑              │
│      ▓▓▓▓▓▓▓▓▓ Wirkungsanalyse ▓▓▓▓▓▓▓▓▓▓▓              │
│     Komponenten der Erfolgsmessung von Marketing-Events'8│
└─────────────────────────────────────────────────────────┘

**Abbildung 9**: Komponenten der Erfolgsmessung von Marketing-Events[219]

In dem von BERGMANN entwickeltem System zur Erfolgsmessung von Events, unterscheidet sie zwischen den Komponenten Wirkungsanalyse, Diagnosemessung und Ergebniskontrolle. Mit Hilfe der Wirkungsanalyse sollen eventinduzierte Wirkungen gemessen werden. Darüber hinaus dient sie der Förderung eines grundlegenden Verständnisses über die Funktionsweise von Events.[220]

**Messung kognitiver Variablen**

Zur Abfrage des Wissens eines Indiviuums bieten sich eine Vielzahl von Befragungsmethoden an. Einerseits können offene Fragen genutzt werden, damit der Befragte eigene Antworten formulieren muss, andererseits können geschlossene Fragen genutzt werden, sodass sich der Befragte zwischen vorgegebenen Antwortmöglichkeiten entscheiden muss. Vorgegebene Antwortmöglichkeiten können ebenfalls Formulierungen aber auch Zahlen oder Ratings sein, die im Gegensatz zu Antwortmöglichkeiten offener Fragen quantifizierbarer sind. Ein Erinnerungstest (recall) eignet sich, um durch die Wiedergabe von Einzelheiten einer Werbebotschaften festzustellen, welche mit dem Messstimulus verbundenen Kognitionen im Langzeitspeicher bewusst vorhanden sind. Eine weitere Möglichkeit Wissen abzufragen, ist über ein Verfahren der Wiedererkennung (recognition). Hier werden dem Befragten Bilder vorgelegt, um festzustellen, welche sich eingeprägt haben.[221]

---

[219] Bergmann, S. (2005): S. 25.

[220] Vgl. Bergmann, S. (2005): S. 27.

[221] Vgl. Trommsdorff, V. (1998): S. 103ff. & Vgl. Häusel, H.-G. (2008): S. 146
```

Messung aktivierender Variablen

Stimmungen und Emotionen lassen sich nur sehr schwierig abfragen. Es lässt sich zwar erfassen, ob ein Gefühl als angenehm wahrgenommen wird, jedoch lassen sich die Intensität sowie die Gefühlsart nicht verbal messen. Das liegt daran, dass Gefühle teilweise unbewusst vorkommen, sie sich häufig aus verschiedenen Emotionen zusammensetzen und vom Befragten daher nicht präzise genug beschrieben werden können. In der Marktforschungspraxis ist die Messung der Gefühle durch Ratingskalen trotzdem verbreitet, da mit ihrer Hilfe die Intensität, Richtung und Qualität der Emotionen erfasst werden können, auch wenn die Erfassung fehleranfällig ist. Eine weitere Möglichkeit zur Messung von Gefühlen ist die Methode der Pupillometrie, da starke positive Emotionen eine Erweiterung und negative entsprechend eine Verengung, der Pupillen zur Folge haben. Darüber hinaus eignen sich die Beobachtung der Gesichts- und Körpersprache zur Feststellung von Gefühlen. Hiermit können anhand der Kombination von Muskelspannungen im Gesicht Rückschlüsse auf Emotionen gezogen werden.[222]

Messung gemischt kognitiv-aktivierender Variablen

Einstellungen werden in der Forschungspraxis überwiegend durch standardisierte Befragungen wie dem LIKERT-Verfahren gemessen. Hier wird beispielsweise ein Fragebogen mit 20-50 monotonen Items erstellt, die wiederum gleichermaßen positive sowie negative Aussagen über den Einstellungsgegenstand darstellen. Durch Summierung dieser Ratings lassen sich nun konkrete Aussagen über die Einstellung der Befragten treffen.[223] Die Messung des Involvements lässt sich wie auch die der Aktiviertheit durchführen. Da Aktiviertheit nicht direkt beobachtet werden kann, bedarf es geeigneter Messinstrumente. Durch Befragungen kann es dazu kommen, dass sich der Befragte erst durch eben diese Befragung über seinen Aktiviertheitszustand bewusst wird und das Messergebnis somit verfälscht wird. Ein geeigneter Aktiviertheitsindikator stellt die Messung des Hautwiderstandes dar, der sich bei steigender Aktiviertheit verringert. Dieser Widerstand kann mittels Elektronen außerordentlich sensibel erfasst werden.[224]

---

[222] Vgl. Trommsdorff, V. (1998): S. 74ff.

[223] Vgl. Trommsdorff, V. (1998): S. 166ff.

[224] Vgl. Trommsdorff, V. (1998): S. 56f.

5.3.1 Probleme der Erfolgsmessung

„Die Erfolgsmessung von Marketing-Events im Allgemeinen [...] zieht eine Reihe von Problemen nach sich, die weniger die Diagnosemessung (Prämissen- und Ablaufkontrolle) als vielmehr die Wirkungsanalyse inklusive der Wirkungsmessung und die Effizienzkontrolle betreffen."[225] Diese Probleme sind aber nicht Event-Marketing-spezifisch, sondern gelten für die Wirkungsforschung generell und somit auch für klassische Kommunikationsinstrumente. Langfristige Imageziele des Marketing-Events erschweren die Wirkungsmessung jedoch. NUFER unterscheidet zwischen dem Interdependenz-, dem Zuordnungsproblem, Ausstrahlungseffekten und externen Störeinflüssen.[226]

Interdependenzproblem

Das Interdependenzproblem stellt das wesentliche Problem der Wirkungsmessung dar. Es betrifft die Zurechenbarkeit, bzw. die Isoliertheit von Wirkungen. Da Unternehmen häufig auf eine Vielzahl von Marketingmaßnahmen zurückgreifen, ensteht eine Abhängigkeit unter den verschiedenen Wirkungen. Das bedeutet, dass beispielsweise Maßnahmen nicht-klassischer Kommunikationsinstrumente Einfluss auf die Wirkung des Marketing-Events nehmen. Diese interdependenten Beziehungen können substitutiv (Wirkungen ersetzen sich) oder komplementär (Wirkungen ergänzen sich) sein. Die gemessene Wirkung ist demnach immer ein Resultat mehrerer Marketingmaßnahmen.[227]

Zuordnungsproblem

„Aus den Interdependenzproblemen kann unmittelbar die Zuordnungsproblematik abgeleitet werden. Da sich die Wirkungen der gesamten Maßnahmen kaum isolieren lassen, können sie auch nicht auf konkrete Einzelmaßnahmen zurückgeführt werden. Dies stellt insbesondere für die Event-Marketing-Wirkungsforschung eine immense Schwierigkeit dar, da das Event-Marketing häufig als Ergänzung des klassischen Kommunikationsin-

---

[225] Bergmann, S. (2005): S. 27.

[226] Vgl. Nufer, G. (2012): S.161.

[227] Vgl. Bergmann, S. (2005): S. 27. & Vgl. Nufer, G. (2012): S.161f.

strumentariums eingesetzt wird und einen dementsprechend geringen Anteil an der Integrierten Unternehmenskommunikation ausmacht."[228]

Ausstrahlungseffekte

Ein weiteres Problem der Erfolgsmessung sind Ausstrahlungseffekte. So können sich Wirkungen einer Maßnahme ebenfalls auf andere Größen ausbreiten, für deren Einsatz sie nicht bestimmt waren. Hierdurch wird die Wirkungsmessung erheblich beeinträchtigt. Hierzu zählen beispielsweise zeitliche Ausstrahlungseffekte. Demnach können Marketingmaßnahmen der Vergangenheit durch verzögerte Wirkungen oder Nachwirkungen Marketing-Events in der Gegenwart beeinflussen.[229]

Externe Störeinflüsse

Die gemessenen Wirkungen können durch externe Störeinflüsse - solche, auf die das Unternehmen keinen Einfluss nehmen kann - verzerrt werden. Hierzu zählen beispielsweise technische Probleme oder das Wetter. Üblicherweise werden diese Störvariablen durch den Einsatz von Kontrollgruppen ausfindig gemacht. Hier ergibt sich einerseits das Problem eine äquivalente Kontrollgruppe zu finden und andererseits, bedingt durch die Komplexität von Events, äquivalente Interaktionen zu gewährleisten.[230]

Ein weiteres Problem stellt nach BERGMANN, in Bezug auf die Effizienz von Events, die Transformation von Wirkungen in monetäre Äquivalente dar, die zur Kontrolle der Effizienz jedoch notwendig sind. Durch die oben genannten Probleme wird die Transformation darüber hinaus erschwert.[231] Inwieweit nun Lifestyle-Orientierung und Trend-Beachtung die Wirkung von Marketing-Events beeinflussen, lässt sich daher nicht ausreichend valide bestimmen.

---

[228] Nufer, G. (2012): S. 162.

[229] Vgl. Nufer, G. (2012): S.161f. & Vgl. Bergmann, S. (2005): S. 27.

[230] Vgl. Bergmann, S. (2005): S. 27f. & Vgl. Nufer, G. (2012): S.161.

[231] Bergmann, S. (2005): S. 28. & Vgl. Lasslop, I. (2003): S. 174.

5.3.2 Effektivitäts- und Effizienzkontrolle

Um nun Aussagen über die Effektivität von Lifestyle-Orientierung und Trend-Beachtung treffen zu können, ist ein Soll-Ist-Vergleich notwendig. Unter den Soll-Werten werden die im vorhinein definierten Ziele verstanden. Hierzu zählen Zielinhalt, Zielausmaß und der zeitliche Rahmen. Die Ist-Werte setzen sich aus den gemessenen Wirkungen des Marketing-Events zusammen. Werden alle im vorhinein festgelegten Ziele durch das Marketing-Event, unter Berücksichtigung der Lifestyle-Orientierung und der Trend-Beachtung, erreicht, so entspricht der Soll- dem Ist-Wert. Dieses Ergebniss entspricht dem Idealzustand. Weicht der Ist-Wert negativ vom Soll-Wert ab, können durch die Prämissen- und Ablaufkontrolle Ursachen hierfür festgestellt werden. Mit der Prämissenkontrolle wird untersucht, ob die während der Planung getroffenen Annahmen korrekt waren oder eben nicht. Ob Störeinflüsse nicht ausreichend berücksichtigt oder Bedürfnisse der Zielgruppe falsch eingeschätzt wurden, wird hiermit analysiert. Durch eine Ablaufkontrolle können Schwachstellen eines Marketing-Events aufgedeckt werden, die eine Zielverfehlung zur Konsequenz haben können. Diese ist als Check-Liste zu verstehen, mit der überprüft wird, ob alle Inszenierungsmaßnahmen entsprechend der Planung stattgefunden haben. Neben der Effektivitätskontrolle bedarf es im Weiteren einer Effizienzkontrolle, um den Erfolg eines Marketing-Events feststellen zu können. Hier wird nun überprüft, in welchem Verhältnis die eingesetzten Ressourcen zu den erzielten Wirkungen stehen. Dies inkludiert einerseits die Feststellung des Nutzens unter Berücksichtigung der Kosten und andererseits einen Vergleich des Nutzens mit dem anderer Kommunikationsinstrumente, mit denen gegebenenfalls bei Einsatz gleicher Ressourcen ein höherer Nutzen hätte erzielt werden können.[232] Sowohl für die Effektivitäts-, wie auch für die Effizienzkontrolle ist eine umfassende Wirkungsanalyse notwendig.

---

[232] Vgl. Bergmann, S. (2005): S. 49ff.

6 Fazit

Aufgrund der stetig steigenden Anzahl an beworbenen Marken wird es für Unternehmen zukünftig immer wichtiger ihrer Marke ein Profil zu geben. Durch den Einsatz aufeinander abgestimmter Kommunikationsinstrumente lassen sich diese Markenbilder verstärken und tragen somit zu einem langfristigen Unternehmenserfolg bei. Eine besondere Rolle wird hier dem Event-Marketing eingeräumt, da es einerseits dem wachsenden Trend der Freizeit- und Erlebnisorientierung nachkommt und da es andererseits, im Vergleich zu anderen Kommunikationsinstrumenten, durch den möglichen Einsatz multisensualer Reize eine höhere Kommunikationswirkung erzielen kann. Um nun diese Event-Marketing-Wirkung intensivieren zu können, bedarf es einer eindeutig definierten Zielgruppe, an dessen Anforderungen sich alle weiteren Maßnahmen orientieren. Durch eine Lifestyle-Segmentierung lassen sich anhand des Lebensstils weitestgehend homogene Zielgruppen bestimmen, die ebenfalls ein quasihomogenes Bedürfnismuster aufweisen. Diese Bedürfnisse stehen in Wechselwirkung mit denen der soziokulturellen Trends, die daher ebenfalls berücksichtigt werden müssen. Auf diese konkreten Bedürfnisse einzugehen, ist nun das Ziel der Lifestyle-Orientierung und Trend-Beachtung von Marketing-Events. Damit Zielkonflikte vermieden werden können, ist es wichtig, dass messbare Ziele im Vorhinein deutlich formuliert werden. Ebenso ist ein Verständnis über die Zielkategorie der psychografischen Ziele nötig, da diese den ökonomischen Zielen vorgelagert sind. Psychografische Ziele inkludieren die Darbietung kognitiver und emotionaler Reize, das Auslösen von Aktivierungsprozessen sowie die Kommunikation von Informationen.[233] In Kapitel 4.2 wurde aufgezeigt, dass durch den Einsatz lebensstiladäquater Reize, die Wahrnehmung der Eventteilnehmer erhöht werden kann, da Individuen für die Art von Reizen empfänglicher sind, von denen sie sich eine höhere Bedürfnisbefriedigung versprechen.[234] Da sowohl der Lebensstil des Individuums, als auch die in dieser Arbeit im Fokus stehenden soziokulturellen Trends - wie in Kapitel 5.2 dargestellt - aus den Bedürfnissen des Individuums resultieren, können die vom Marketing-Event gesendeten Reize und Kommunikationsbotschaften gezielt auf diese Bedürfnisse angepasst werden. Die hieraus entstehende Bedürfnisbefriedigung kann eine Erhöhung der Stimmung sowie des Involvements zur Folge haben, die sich nach dem Mo-

---

[233] Vgl. Nufer, G. (2012): S. 22.

[234] Vgl. Rössel, J. (2011): S. 55.

dell von NUFER direkt auf die Response, also dem Verhalten des Rezipienten, positiv auswirken, was notwendig ist, um langfristigen Erfolg möglich zu machen. Hinsichtlich der in 5.2 hypothetisch dargestellten Wirkungsweisen der Lifestyle-Orientierung und Trend-Beachtung in Bezug auf den Einfluss auf die Event-Marketing-Wirkung, lässt sich schlussfolgern, dass die Berücksichtigung der Zielgruppenbedürfnisse innerhalb des Marketing-Events die mögliche Wirkung dieses Marketing-Events intensivieren kann. Im Verlauf dieser Arbeit wurde der Versuch unternommen, die eingangs aufgestellte Hypothese „Der Einsatz von Lifestyle-Orientierung und Trend-Beachtung kann den Wirkungsgrad eines Marketing-Events erhöhen" hypothetisch deduktiv zu verifizieren. Hierzu wurden Theorien aus der Sozialpsychologie, aus der Konsumentenverhaltensforschung sowie der Event-Marketing-Wirkungsforschung hinzugezogen. Eine empirische Verifizierung dieser Hypothese mittels einer Primär- oder einer Sekundärerhebung ist im Rahmen dieser Bachelorarbeit nicht möglich, da eine Primärerhebung aus finanziellen Gründen und aufgrund ihres Umfangs nicht zu realisieren ist. Darüber hinaus fehlen Studien, die die eingangs aufgestellte Hypothese verifizieren oder falsifizieren können. In welchem Maße sich Lifestyle-Orientierung und Trend-Beachtung tatsächlich auf die Event-Marketing-Wirkung auswirken, muss Gegenstand der Event-Marketing-Wirkungsforschung sein. Da psychografische Wirkungen, wie in 5.3.1 dargestellt, aber nur sehr schwer zu quantifizieren sind, unter anderem aufgrund der fehlenden Möglichkeit Wirkungen einem bestimmten Stimulus zuweisen zu können, stellt dies für die Forschung eine enorme Herausforderung dar. Es bleibt festzuhalten, dass sich durch Lifestyle-Segmentierung Zielgruppen mit homogenen Bedürfnismustern definieren lassen, die mit steigender Lebensstilkongruenz entsprechend kleiner ausfallen. Marketing-Events für kleinere aber homogenere Zielgruppen ist die logische Konsequenz und stellt vermutlich eine bedeutsame Zukunftsform des Event-Marketings dar, die ebenfalls dem weit verbreiteten Trend, den Konsumenten als Individuum zu betrachten, Rechnung trägt. Erste Ansätze von NUFER, den Markt in Szenen zu segmentieren, bestätigen diesen Verdacht.[235] Aufgrund des wachsenden Freizeit- und Erlebnistrends und der damit einhergehenden wachsenden Eventlandschaft, wird es zukünftig von besonderer Relevanz sein, die Wirkung von Marketing-Events zu maximieren. Die Lifestyle-Orientierung und Trend-Beachtung ist hierfür ein vielversprechendes Instrument.

---

[235] Vgl. Nufer, G. (2012): S. 65f.

Literaturquellenverzeichnis:

Amelung, V. E. (2013), Web: Gabler Wirtschaftslexikon, Effektivität. URL: http://wirtschaftslexikon.gabler.de/Definition/effektivitaet.html [Abruf am 06.07.2013].

Aronson, E./ Timothy, D./ Akert, R. (2008): Sozialpsychologie. München: Pearson Deutschland.

Banning, Th. (1987): Werbung auf der Grundlage der Lebensstil-Forschung. In: Werbeforschung & Praxis, Heft 32, (S. 1-8).

Bergmann, S. (2005): Entwicklung eines Evaluationsmodells zur Erfolgsmessung von Corporate Events. München: FGM-Verlag.

Berndt, R. (1995): Marketing 2. Marketing Politik. Berlin: Springt Verlag.

Boeree, C. G. (2006), Web: URL: http://www.social-psychology.de/do/PT_maslow.pdf [Abruf am 09.07.2013].

Bruhn, M. (1997): Kommunikationspolitik. Bedeutung - Strategien - Instrumente. München: Verlag Franz Vahlen.

Bruhn, M./ Köhler, R. (2010): Wie Marken wirken. Impulse aus der Neuroökonomie für die Markenführung. München: Verlag Franz Vahlen.

Buß, E. (2005): Faktoren der Eventkultur. Lehrstuhl für Soziologie. Universität Hohenheim: Eventkultur.lab.

Deckers, R./ Heinemann, G. (2008): Trends erkennen - Zukunft gestalten. Göttingen: Business Village.

Drengner, J. (2008): Imagewirkungen von Event-Marketing. Entwicklung eines ganzheitlichen Messansatzes. Wiesbaden: GWV Fachverlage GmbH.

Duden (2013a), Web: Stichwort: Lifestyle. URL: http://www.duden.de/rechtschreibung/Lifestyle [Abruf am 30.05.2013].

Duden (2013b), Web: Stichwort: Event. URL: http://www.duden.de/rechtschreibung/Event [Abruf am 01.06.2013].

Duden (2013c), Web: Stichwort: Charakter. URL: http://www.duden.de/rechtschreibung/Charakter [Abruf am 20.06.2013].

Duden (2013d), Web: Stichwort: Eigenschaft. URL: http://www.duden.de/rechtschreibung/Eigenschaft [Abruf am 25.06.2013].

Dübbert, A. (2013): Einsatz multisensualer Reize in der strategischen Messekommunikation. Optimierungspotentiale der Kommunikation für nachhaltige Messeauftritte. Hamburg: Diplomica Verlag.

Esch, F.-J. (2008a), Web: Gabler Wirtschaftslexikon, Above-the-Line-Kommunikation. URL: http://wirtschaftslexikon.gabler.de/Archiv/81582/above-the-line-kommunikation-v6.html [Abruf am 31.05.2013].

Esch, F.-J. (2008b), Web: Gabler Wirtschaftslexikon, Below-the-Line-Kommunikation. URL: http://wirtschaftslexikon.gabler.de/Archiv/81565/below-the-line-kommunikation-v6.html [Abruf am 31.05.2013].

Esch, F.-J. (2011): Strategie und Technik der Markenführung. München: Verlag Franz Vahlen.

Gabler Wirtschaftslexikon (2013), Web: Bedürfnishierarchie nach Maslow. Gabler Verlag (Herausgeber), Bedürfnishierarchie. URL: http://wirtschaftslexikon.gabler.de/Archiv/77711/beduerfnishierarchie-v6.html [Abruf am 08.07.2013].

Häusel, H.-G. (2008): neuromarketing. Erkenntnisse der Hirnforschung für Markenführung, Werbung und Verkauf. München: Haufe Verlag.

Horx, M. (2013a), Web: Theorie der Trend- und Zukunftsforschung. Kapitel 2.03 Trend-Definitionen. URL: http://www.horx.com/Zukunftsforschung/2-03.aspx [Abruf am 19.05.2013].

Horx, M. (2013b), Web: Theorie der Trend- und Zukunftsforschung. Kapitel 2.04 Zukunftsforschung. URL: http://www.horx.com/Zukunftsforschung/2-04.aspx# [Abruf am 19.05.2013].

Horx, M. (2013c), Web: Theorie der Trend- und Zukunftsforschung. Kapitel 2.01 Unterschiede zwischen Trend- und Zukunftsforschung. URL: http://www.horx.com/Zukunftsforschung/2-01.aspx [Abruf am 19.05.2013].

Horx, M./ Horx, O. (2013), Web: Was wir (voraus)sehen können oder: Was sind soziokulturellre Trends? URL: http://www.horx.com/Zukunftstexte/Was_wir_voraussehen_koennen.pdf [Abruf am 07.07.2013].

Kinnebrock, W. (1993): Integriertes Event-Marketing. Vorm Marketing-Erleben zum Erlebnismarketing. Wiesbaden: Forkel Verlag.

Kirchgeorg, M./ Springer, C./ Brühe, C. (2007): Effizienz und Effektivität der Live Communication im branchenübergreifenden Vergleich. In: Nickel, O. (Hrsg.): Eventmarketing. Grundlagen und Erfolgsbeispiele, (S. 17-36). München: Verlag Franz Vahlen.

Kirchgeorg, M. (2013), Web: Gabler Wirtschaftslexikon, marketingpolitische Instrumente. URL: http://wirtschaftslexikon.gabler.de/Definition/marketingpolitische-instrumente.html [Abruf am 30.05.2013].

Kroeber-Riel, W. (1993): Konsumentenverhalten. München: Verlag Franz Vahlen.

Kroeber-Riel, W./ Weinberg, P. (2003): Konsumentenverhalten. München: Verlag Franz Vahlen.

Kroeber-Riel, W./ Esch, F.-R. (2004): Strategie und Technik der Werbung, Verhaltenswissenschaftliche Ansätze. Stuttgart: Kohlhammer Verlag.

Lackes, R. (2013), Web: Gabler Wirtschaftslexikon, Effektivität. URL: http://wirtschaftslexikon.gabler.de/Definition/effizienz.html [Abruf am 06.07.2013].

Lasslop, I. (2003): Effektivität und Effizienz von Marketing-Events. Wirkungstheoretische Analyse und empirische Befunde. Wiesbaden: GWV Fachverlage GmbH.

Meffert, H./ Burmann, C./ Kirchgeorg, M. (2008): Marketing. Grundlagen marktorientierter Unternehmensführung, 10. Aufl. Wiesbaden: GWV Fachverlage GmbH.

Mercedes-Benz (2013a), Web: „Der Pulsschlag einer neuen Generation" - Mercedes Benz startet EM-Kampagne 2012. URL: http://blog.mercedes-benz-passion.com/2012/05/der-pulsschlag-einer-neuen-generation-mercedes-benz-startet-em-kampagne-2012/ [Abruf am 12.07.2013].

Mercedes-Benz (2013b), Web: A-Class First Impression. Die Highlights vom Genfer Auto-Salon. URL: http://firstimpression.mercedes-benz.com/webspecial.de.html [Abruf am 12.07.2013].

Naisbitt, J. (1982): Megatrends. Ten New Directions Transforming Our Lives. New York City: Warner Books.

Nickel, O. (1998): Event - ein neues Zauberwort des Marketing? In: Nickel, O. (Hrsg.): Event Marketing. Grundlagen und Erfolgsbeispiele, (S. 3-12). München: Verlag Franz Vahlen.

Nickel, O. (2007): Event Marketing. Grundlagen und Erfolgsbeispiele. München: Verlag Franz Vahlen.

Nieschlag, R./ Dichtl, E./ Hörschgen, H. (1997): Marketing. Berlin: Duncker und Humblot.

Nitschke, A. (2006): Event-Marken-Fit und Kommunikationswirkung. Wiesbaden: Deutscher Universitätsverlag.

Nöthel, T. (1999): Szenen-Marketing und Produktpositionierung. Ein Ansatz zur Zielgruppenfragmentierung. Wiesbaden: Deutscher Universitätsverlag.

Nufer, G. (2012): Event-Marketing und -Management. Grundlagen - Planung - Wirkungen - Weiterentwicklungen. Wiesbaden: Gabler Verlag.

Otto, R. (1993): Industriedesign und qualitative Trendforschung. München: Akademischer Verlag.

Red Bull (2013), Web: URL: http://www.redbull.com/de/de [Abruf am 07.07.2013].

Rössel, J. (2011): Lebensstilforschung. In: Otte, G. (Hrsg.): Kölner Zeitschrift für Soziologie und Sozialpsychologie. Sonderheft 51/2011. Wiesbaden: VS Verlag.

Scheier, C./ Held, D. (2008): Die Neuro-Logik erfolgreicher Markenkommunikation. In: Häusel, H.-G. (Hrsg.): Neuromarketing. Erkenntnisse der Hirnforschung für Markenführung, Werbung und Verkauf, (S. 87 -123). München: Haufe Verlag.

Steffenhagen, H. (1984): Ansätze der Werbwirkungsforschung, in: Marketing ZFP, Heft 2, (S. 77-88).

Steffenhagen, H. (1996): Wirkungen der Werbung. Konzepte - Erklärungen - Befunde. Aachen: Mainz Verlagshaus.

Suchanek, A. (2013), Web: Gabler Wirtschaftslexikon, Nutzen. URL: http://wirtschaftslexikon.gabler.de/Archiv/2440/nutzen-v10.html [Abruf am 05.07.2013].

Summers, J. (1970): The Identity of Women's Clothing Cashion Opinion Leaders. In: Journal of Marketing Research, Vol. 7, (S. 178-185).

Traindl, A. (2010): Store Branding für alle Sinne. In: Bruhn, M./ Köhler, R. (Hrsg.): Wie Marken wirken. Impulse aus der Neuroökonomie für die Markenführung, (S. 284 - 299). München: Verlag Franz Vahlen.

Trifels (2013), Web: Warum Trends wichtig sind. Trifels Verlag. URL: http://www.trifels.de/newsletter/2009-02/warum-trends-wichtig-sind.html [Abruf am 04.07.2013].

Trommsdorff, G. (1985): Futurer Time Orientation and its Relevance for Development as Action. In: Silbereisen, R. et al. (Hrsg.): Development as action in context: Problem behavior and normal youth development, (S. 121-136). Berlin: Springer.

Trommsdorff, V. (1998): Konsumentenverhalten. Stuttgart: Verlag W. Kohlhammer.

Zanger, C. (2007): Eventmarketing als Kommunikationsinstrument. Entwicklungsstand in Wissenschaft und Praxis. In: Nickel, O. (Hrsg.): Event Marketing. Grundlagen und Erfolgsbeispiele, (S. 3-14). München: Verlag Franz Vahlen.